JN206271

統治される大学

知の囲い込みと民主主義の解体

駒込武

地平社

まえがき

二〇一五年の夏、さまざまな大学で「有志」が安全保障関連法案反対の旗を掲げはじめたさなか、私の職場である京都大学でも「自由と平和のための京大有志の会」を立ち上げることになった。藤原辰史さん（京都大学人文科学研究所）が中心となって「戦争は、防衛を名目に始まる」というフレーズで始まる「声明書」を起草、その最後は次のようになっている。

学問は、戦争の武器ではない。
学問は、商売の道具ではない。
学問は、権力の下僕ではない。

生きる場所と考える自由を守り、創るために、
私たちはまず、思い上がった権力にくさびを打ちこまなくてはならない。

それから一〇年近くの間、大学という組織を介して学問を「戦争の武器」「商売の道具」「権

力の下僕」としようとする圧力は、想定をはるかに上回る速度と強度で迫ってきた。京都大学でも「自由」を踏みにじり「平和」を危うくする問題が次々と立ちあらわれてきた。有志の会として、あるいは個人として反対の声をあげ、賛同者を募り、総長（旧帝国大学では慣例的に学長を「総長」と呼ぶ）宛に署名を提出するなどのアクションを重ねた。

大学の教員ならばそんなアクションに走らずとも、教授会で意見を述べればよいではないかと思う人もいるかもしれない。ところが、二〇一四年の法律改正により、教授会の権限は教育研究に関する事項について学長に意見を述べることに限定され、重要事項はすべて学長が最終決定権を握るとされた。実質的には役員会（学長と、学長の指名した理事が構成）が決定、教授会や各種の委員会でヒラの教員が異論を提起しても、「聞きおく」という対応が当たり前となった。

大学執行部を構成する人びとも、個人としては有能な研究者であることだろう。なかにはリベラルな信条を表明する人すらもいる。それにもかかわらず、なぜこれほどまでに頑ななのか。なぜ学生や市民や一般教職員ともっと丁寧に対話しようとしないのか。何度も壁に跳ね返されるような経験を通じてわかったのは、大学執行部は「無駄」を切り捨てよという政府与党からの圧力に予算を介してさらされており、対話を重ねながら合意を形成すること自体が「無駄」とみなされていることだ。執行部は自らの判断とは別のところで大学「改革」を強いられているのだとも感じざるをえなかった。

二〇二一年以降になると、国立大学法人法の一部「改正」や国際卓越研究大学法（「稼げる大学」法）の制定により、従来、大学の役員会が独占してきた権限を学外者中心の合議体（運営方針会議）に吸い上げる仕組みが整えられた。教授会の権限を否定して役員会に権限を集中した過程を第一段階の基礎工事とするなら、今度は役員会を骨抜きにして学外者が合議体を通じて予算や決算の決定権を掌握し、学長を監視する第二段階の完成工程が控えていたのだ。すでに瀕死の状態にあった「学問の自由」、その制度的保障としての「大学の自治」はほぼ完全に息の根を止められて、政府与党・財界により統治される大学が出現しようとしている。

強引な「改革」の底流に存在するのは、知を市民が求める公共財として広く流通させるのではなく、知を囲い込むことで特定の私企業や政府与党に利益をもたらす「稼げる大学」の実現である。もちろん大学だけではない。気づいてみれば、「稼げる地方自治体」「稼げる病院」「稼げる博物館」「稼げる公園」……長い時間をかけて築き上げられてきた、ありとあらゆる公共財が、経済的な投資価値を基準としてその価値を測られ、法人化や民営化を通じて切り売りされていく事態が出現している。学問を「戦争の武器」「商売の道具」とする圧力は、独裁的学長の専断という形式を通じて現象するものの、この世界の現実そのものから発しているのだと否応なく気づかされた。

同様の問題意識をもつ大学関係者と「稼げる大学」法の廃止を求める大学横断ネットワークを立ち上げ、声明を発し、署名を文科省に提出し、永田町を訪れて議員に説明し、委員会審議で参考人意見陳述をしたりするなどのアクションを重ねた。だが、「思い上がった権力にくさびを打ちこむ」どころか、あえなく跳ね返されてばかりである。たび重なる失意のなかで、せめて自分にできることとして、大学をめぐる危機的状況をいわば「同時代史」として書き残したい、そう考えてこれまで書き溜めてきた文章をまとめ直したのが本書である。

この場合の「同時代史」とは、自分自身を否応なく当事者として組み込んだ歴史という意味合いである。本書には歴史研究者としての知見を折り込んだ箇所もあるものの、基本的に現在進行形の事態についてのルポルタージュ的性格が強い。先行きの見えない現実に翻弄され、右往左往しながら、事態の全体像を把握し、問題の根っこをつきとめようとした試みである。

第I部には、国レベルの大学政策にかかわる文章を収めた。第1章・第2章は二〇二一年、第3章・第4章は二二年初出の文章を加筆修正したもの、第5章はブログの記事をもとにした書き下ろしである。第II部には、京都大学における出来事を内部観測として記した文章や対談を収録した。こちらは個別具体的状況への対応という性格を明確にするために基本的に初出のままとし、クロニクル風に「解題」で初出の経緯を記した。

第I部では法令の変遷や国会審議を読み解く作業、第II部では京都大学における組織改変や学生対応をウォッチする作業を通じて、教育・医療・福祉などの公共財を解体する「新自由主義」が問題の根っこであることを示した。細井克彦・石井拓児・光本滋編『新自由主義大学改革――国際機関と各国の動向』（東信堂、二〇一四年）のような浩瀚な学術書を挙げるまでもなく、それ自体は目新しい見解ではない。本書の特色は、私たちが新自由主義による容赦ない攻撃にさらされていることを、近年の具体的事象にそくして明確化したことである。新自由主義は格差を増大し、民主主義を解体し、相互に嫉視し反目させる。だからこそ、問題の根っこが通底していることを明るみに出す作業は、社会的連帯のために不可欠である。本書の内容も、私自身が旧帝大系国立大学の常勤教員であり、日本人の男性であることなど、自らの立ち位置に由来する視野の限定性は免れないものの、根っこへと遡る試みのうちに客観性が宿っているはずである。

本書は日本の民主主義に関心をもつすべての人を宛先としている。上からの大学解体は日本社会全般における民主主義の解体の一部だからである。ただし、とりわけ現在大学生である、あるいはこれから大学生になろうと考える若者たちや、経済上の理由で大学進学を断念せざるをえない若者たちに届いてほしいとも感じている。二〇二四年夏、東京大学や広島大学で学生たちが、まともな説明すらないままの授業料値上げに反対の声をあげた。大学を私物化する政策は、特定の知を「国家有用」として囲い込む一方、学部段階での教育や学生の学修環境を軽視し、学生の存在を授業料を貢ぐだけの「カスタマー」へとおとしめていく。そうであるがゆえに、授業料値上げ反対の声は今日の大学政策の核心に連なる問題提起となりうる。声をあげはじめた若者たち、あるいは声をあげることにためらいや戸惑いを感じている若者たちにとって、本書が少しでも力になるところがあれば、望外の幸せである。

目次

第I部

囲い込まれる〈有用の知〉

——日本学術会議法・国立大学法人法・国際卓越研究大学法

第1章　「研究動員」の始まり

――日本学術会議問題と京大滝川事件

権力分立の仕組みの危機

二〇二〇年一〇月、菅義偉首相（当時）が日本学術会議の会員候補者のうち、六名について任命を拒否した事実が明らかになった。中央教育審議会などの政府審議会では省庁がそれぞれの「お抱え学者」をかなり自由に任命したりしなかったりできるので、「それほど驚くべきことなのか？」と戸惑った人も多いことだろう。

だが、日本学術会議は、一般的な審議会とは明確に性格が異なる。内閣府の所轄でありながらも時々の政府から独立性を担保するため、日本学術会議法において「優れた研究又は業績がある科学者のうちから会員の候補者を選考」すると選考基準を明確化している。会員の定数は

「二一〇名程度」でも「二一〇名以下」でもなく、きっぱり「二一〇名」である。六名が任命されない状況は、違法な状態の継続を意味している。

行政の頂点に位置する人物による横車に対して、さまざまな学会・団体が抗議の声をあげた。「安全保障関連法制に反対する学者の会」のウェブサイトによれば、学術会議への人事介入に抗議する声明等を発表した学会は、二〇二一年二月五日時点で九二三団体にものぼった(日本医学会連合や自然史学会連合などの共同声明について、構成学会の数もカウントした場合)[*1]。人文・社会科学系のみならず自然科学系を含めて広範な団体が名を連ねている。学術界にとどまらず、映画人有志や日本出版者協議会なども「表現の自由」の侵犯という観点から声をあげた。日本野鳥の会は自然保護における科学的知見の重要性、日本消費者連盟は行政による許可事業の恣意的運用への懸念という論点を提起している。

学術研究の独立性は、政府が不合理な政策を実行しようとしたとき、政府に対するチェック・アンド・バランス機能を果たすためにも重要である。学術研究には、それぞれの学問領域で長年にわたって築き上げられてきた知識があり、専門性を担保するための手続きがあり、自律的な評価基準がある。政府がこの基準を軽視して、都合のよい研究者の見解だけをつまみ食い的に利用するならば、その破壊的影響は学術界にとどまらず市民生活一般に及ぶ。実際、新型コロナウイルス感染症への対応において、政府は東京五輪開催という政治目的に引きずられて専門知をないがしろにしてきた。正当化に好都合な場合には後づけ的に専門家の知見を利用する一方、異を唱える場合には黙殺した。そうした対応がいかに大きな災厄を市民生活にもたらしてきたか、あらためて述べるまでもない。

マス・メディアを「第四の権力」とする慣例にならえば、学術研究も一種の権力である。だからこそ、その適正な行使と権力の分立が重要なのだが、日本学術会議への人事介入はこの権力分立の仕組みを危機に陥れることになった。菅政権に先立つ安倍政権は、公共放送（ＮＨＫ）の独立性を否定して政府の広報機関へと変質させ、司法の独立性を恐れて検察トップに都合のよい人物をすえようとした。日本学術会議会員の任命拒否は、その延長線上にあって権力の一元化（独裁化）を図るものといえる。

掟破りの休職処分――滝川事件の衝撃

日本学術会議の任命拒否事件が京大滝川事件（一九三三年）になぞらえられるのは、決して突飛な類比ではない。むしろ、この事件を契機として大学の予算と人事に対する締めつけが強まり、やがて「研究動員」へとなだれこんでいった点まで含めて、事件の相似性をより深いレベルで把握する必要がある。まず松尾尊兊『滝川事件』などこれまでの研究によりながら、滝川事件の経過を振り返っておこう。

一九三三年二月一日、帝国議会衆議院予算委員会で宮沢裕議員が、「赤化教授」を免職にせよと鳩山一郎文相に詰め寄った。そのなかに京都帝大教授・滝川幸辰が含まれていた。宮沢は戦後に首相となる宮沢喜一の父であり、民間右翼の蓑田胸喜に近い「議会内右翼」ともいうべき存在だった。文部省は水面下で滝川幸辰の辞職を求めたが、法学部教授会は従わなかった。これに先立つ河上肇辞職事件（一九二八年）では河上が自他ともに認めるマルクス主義者だったのに対して、滝川の場合、「アカ」という表現は「濡れ衣」だから辞職せずとも話し合いで解決できる、そうした意識が法学部教授会の側にあったと考えられる。だが、法学部教授会の予想を超える事態がその後に続いた。

文部省は、四月二二日に滝川の免職または休職を小西重直京都帝大総長に要求したが、小西は首を縦に振らなかった。そこで五月二六日に文官高等分限委員会を開いて滝川の休職を決定、理由は「国家思想の涵養」を義務づけた大学令第一条違反であった（引用に際してカタカナをひらがなに改めた。以下同様）。この決定が電文で京都帝大に伝えられたのを受けて、法学部長・宮本英雄は、一六〇〇名が参加した法学部学生大会で「教授一同」による辞職声明書を朗読した。助教授、講師、助手、副手も揃って辞意を表明した。『大阪毎日新聞』（五月二七日付）は、この学生大会の模様について「満場寂として声なく、まさに西山に入らんとする夕陽がガラス窓越しにさし学生の眼に露が光る」と伝えている。学生たちは滝川の復職を求め、それが認められないならば「総退学」を決行しようと声をあげた。

いかなる理由にせよ、文部大臣が総長および教授会の頭越しに高等官たる教授の休職を命ずるのは掟破りの出来事だった。京都帝国大学官制（一八九七年）は、高等官たる教授の進退は総長が文部大臣に提出する「具状」（理由を詳細に記した上申書）によると定めており、さらに京大沢柳事件（一九一三年）を通じて、総長による「具状」提出にあたっては教授会と「協議」するという申し合わせがなされた。これにより、教授会の人事権が慣行として定着していた。[*2]滝川の処分は、この教授会の人事権を正面から否定するものであった。

法学部教授会と文部省の板挟みとなった小西総長は、研究・教育の自由、教授の人事に関する従来の慣行維持を文部省に約束させることで解決を図ろうとした。だが、両者の調停に失敗して総長を辞職した。七月七日に新総長に選出された松井元興は辞表提出者の切り崩し工作を展開、これにより七名の教授が辞表を撤回、翌年四月には立命館に移っていた助教授三名、助手三名が復職した。残留や復職にあたっては、法学部をつぶしてはならないという大義名分のほか、教官研究室もない立命館に比すれば京都帝大はやはり「極楽」だという本音があったという。[*3]

当時の政府はなぜ滝川に狙いを定めたのか。実は当事者にすら不分明であった。事件当時の公式の説明は、滝川の著書『刑法読本』（一九三二年）の「内乱罪」や「姦通罪（ママ）」にかかわる記述が不穏当だということだったが、掟破りの休職を発令する理由としては明らかに説得力を欠いていた。

松尾尊兊の研究では、滝川の客観主義的刑法理論が治安維持法体制にとって都合の悪いものだったことを強調している。滝川は刑法の専門家として、思想を裁くことはできないという立場から治安維持法（一九二五年）を批判し、国内で初めて同法が適用された京都学連事件に際しては、警察当局の対応を批判する文章を『京都帝国大学新聞』に掲載した。そこでは、たとえ「国体を変革」したり「私有財産制度を否認」したりする意図があったとしても、これを実現する力がない場合には犯罪にあたらないという論陣を張った。[*4] 滝川はこの学連事件の公判を傍聴、「われわれは一定不変の厳格な法律のまえに立たされているのではなく、変幻自在な政策のまえに立たされている」という被告学生の陳述を堂々としたものだったと回想している。[*5]

滝川が休職発令後に司法省刑事局長の友人から聞いた話によれば、ほかにも要因はあった。台湾、朝鮮、中国からの留学生による「被圧迫民族学生会」の顧問となり、その会員である同志社女子専門学校学生の写真を『刑法読本』の中扉に掲載、これらの学生たちが「満洲事変」反対のビラを撒いたため軍から目をつけられたという。[*6] 滝川は自ら望んで顧問に就任したわけではないので、帝国日本の支配体制の根幹に位置する民族差別や女性差別を根底から問い直そうとしていたとは思えない。だが、帝国大学というホモソーシャルな世界を代表する教授があえて女性の留学生の写真を著書に掲載することは、当時の支配的な価値観に挑戦するものと受けとめられた。

さらに、事件当時学部長だった宮本英雄の回想によれば、滝川が講義のさなかに「天皇君が、君に刃を持って殺しに来て追いかけたらどうするか。……正当防衛が天皇に対して行われるかどうか」と話したことが問題視されたともいう。[*7] 文部大臣に責任が飛び火することを恐れたためだろうか、この問題は、事件当時は公に取り沙汰されていない。

どれが決定的な要因であったかは断定できないものの、滝川が体制にとって都合の悪い思想・学説の担い手であることは確かだった。しかも、学説は学説、生き方は生き方として区別するような器用さを滝川は持ち合わせていなかった。むしろ自らの学問を思想として生きようとしていた。正義感に満ちた言動は多くの同僚から奇矯とみなされ、疎(うと)まれがちでもあった。その点で軍・文部省の側からすれば、格好の攻撃対象であったといえる。もっとも、事件の本質は滝川の思想や人格に還元できるものではない。以下に記すとおり、巨視的な観点から見れば、体制の狙いは「学問の自由」「大学の自治」を解体することであり、滝川はそのためのスケープゴートにすぎなかったと見ることもできるのだ。

「国家有用の科学研究」に向けて――大学に対する軍の介入

滝川事件は今日流の言い方をすれば、大学「ガバナンス改革」の起点となった。滝川事件のさなか、一九三三年四月に設置された思想対策協議会では、大学対策が中心的なテーマとされた。協議会の委員には、内務省、司法省、文部省の官僚のほか陸軍次官・柳川平助ら現役軍人が名を連ねていた。六月一日の委員会記録では「教授にして不穏思想を抱懐する者は徹底的に排除することを要す」「学部長、総長の互選は教授の監督上弊害多きを以て廃すべし。少くとも或る特定の者の投票に依るを可とすべし」「大学の経費と人事とを文部省に於て堅く握り監督を厳にすることを要す」[*8]という強硬意見が提起されている。

最終的な答申の文言はやや穏やかな表現に改められるものの、陸軍省から文部省への威嚇という効果は十分に発揮されることになった。翌一九三四年二月の帝国議会で鳩山一郎文相は「講義の内容が大学令に違反しているかと云ふ其認定は、監督官庁として文部省に於て認定して差支ない」と論じた。講義の内容の適否を文部省が判断できるというわけである。それは学術上の知見の真理性が政治的な思惑の下位に位置づけられたことを物語る。鳩山はさらに、大学令違反の教授は「総長の具状が無くとも之を取替へることができる」と答弁し、文部大臣と学部教授団の間で成立していた人事慣行を反故にした。その後、天皇機関説事件（一九三五年）、矢内原忠雄辞職事件（一九三七年）が相次いで生じたうえに、三八年には陸軍大将・荒木貞夫が文部大臣に就任、荒木は東京帝大ほかの帝国大学に対して総長選挙の廃止を要求、東京帝大では「選挙」ではなく、適切な候補者の「推薦」であるとする対応を強いられた。[*9]それこそが滝川事件の帰結であった。

かくして「大学の自治」はあからさまに否定された。とはいうものの、戦時下に大学教授たちは一方的に弾圧されていたわけではないことにも留意が必要である。軍や文部省から「国家有用」と評価される研究をするならば「研究の自由」が保たれたばかりではなく、研究費が交付され、発表の機会も与えられていた。この場合の「研究の自由」はもちろん括弧つきであり、四五年、日本敗戦目前に獄死に追い込まれた唯物論哲学者・戸坂潤の表現を借りるならば、統制されている当人には「自由の発揮」としか感じられないような「統制」であった。*10

たとえば、立命館から京都帝大への復帰組の一人、黒田覚（さとる）は天皇機関説事件後に憲法学講座の担当教授となり、三九年に日本諸学振興委員会という文部省肝いり官製学会で報告、戦時立法により帝国憲法の認める個人の自由や権利を制限する必要を熱心に説いた。このように「国家有用」とみなされる学説を説く者には、ポストと発表の機会が与えられたのである。さらに研究費も支給された。同じ三九年、荒木貞夫文相は軍の威光を背景に科学研究費交付金の制度を創設し、一挙に三〇〇万円の予算を計上した。科研費の交付対象は当初は自然科学のみだったが、四二年度には人文系の学問に対しても「国家有用の科学研究」に対して精神科学研究奨励金が交付されることになった。*11 さらに四三年度から人文科学研究にも科研費が交付されることになった。『京都帝国大学新聞』第三六四号（四三年五月二〇日付）の第一面には「本年度科学研究費／本学関係は百二十一件」という見出しで、科研費の交付対象として採択された研究題目・研究代表者・補助金額がずらりと記されている。戸坂潤などの少数者を別として、大多数の大学教員たちは「戦争景気」で色めき立っていた。

科研費の配分審査にあたったのは、一九二〇年に諸学会の連絡調整機関として創設された学術研究会議（日本学術会議の前身）である。その組織は戦時下に拡張し、四三年度には人文科学部門を設置、四五年に研究動員委員会を設けた。その法学部門には宮沢俊義や末弘厳太郎のような東京帝大教授、滝川事件の辞表撤回組たる牧健二などの京都帝大教授も名を連ねた。滝川事件を契機に立命館に移った佐々木惣一も候補者として名前を挙げられてはいるものの、委員就任を受諾した形跡は見られない。*[12] かくして敗色濃厚な情勢のなか、圧倒的多数の学者が「聖戦完遂」のための「研究動員」に協力したのである。

思想を処罰することは可能か――六名排除の意味

大日本帝国憲法に代わって制定された日本国憲法（一九四七年）は「学問の自由は、これを保障する」（第二三条）と定めた。さらに教育公務員特例法（四九年）において「学問の自由」を制度的に保障する枠組みとして「大学の自治」の原理を具体化した。すなわち、教員の採用・免職・懲戒などの措置は学内運営組織（教授会や評議会）の決定のみにより行なわれるべきことを明文化し、帝国憲法下における「大学の自治」慣行を成文法により保障した。そこには、滝川事件のような事態の再来を防ぐためには教員の安定的な身分保障が不可欠という意識が働いていた。一九四九年には学術研究会議を改組して日本学術会議が発足、第一回総会で「われわれは、これまでわが国の科学者がとりきたった態度について強く反省」するとしながら「日本国憲法の保障する思想と良心の自由、学問の自由及び言論の自由を確保する」という決意表明を採択した。

それから七〇年あまりを経て、日本学術会議会員への人事介入が起きたわけである。ここで大学教員の免職・休職ではなく、学術会議会員への任命拒否という形式をとったのは、教員の身分保障の枠組みがまがりなりにも存続しているためであろう。この点は戦前との大きな相違である。ただし、共通点もある。政府が特定の学者を選択的に排除した点である。学術会議における会員選考の基準は「優れた研究」である。したがって、政府が特定の学者を排除することは、その研究を「優れている」と評価した学会、および学会での評価に基づいて教授に採用した大学の学術的な権威の否定であり、挑戦でもある。科学社会学者・吉岡斉によれば、大学が学者の人事権をもつのに対して、専門を等しくする学者の共同体としての専門分野（学会・学界）は専門的な学術雑誌への論文掲載を決定する権利など情報管理権をもつ。大学における人事が専門分野での評価を基準として行なわれることは、「大学の自治」の根底に「専門分野の自治」が働いていることを物語る。[*13] この「専門分野の自治」を脅かす点で、学術会議への政治介入は滝川事件に通底するところがある。

特定の個人を排除した理由が曖昧である点も滝川事件と相似している。内閣は、今日に至るまで六名を排除した理由について具体的な説明を行なっていない。わずかな手がかりとして、「安全保障政策などを巡る政府方針への反対運動を先導する事態を懸念」したためと「複数の政府関係者」が説明したという共同通信の報道を挙げることができる（二〇二〇年一一月八日付)。「反政府的」言論をすれば不利益を受けるかもしれないという懸念が広がることを期待して、「政府関係者」があえてリークした情報とも考えられる。根拠なき排除がまさにその無根拠性ゆえにこそ十分な萎縮効果をもたらすことを考えれば、六名を選んだ根拠の推定には慎重であるべきである。ただし、全くランダムに選んだわけでもないだろう。排除された六名の専門分野は憲法、行政法、刑法というように統治体制の根幹となる法と、政治思想史、日本近代史、宗教学のように統治体制の正当化にかかわるイデオロギー領域である。否応なく言論的な性質をもたざるをえない専門分野と言い換えてもよい。

六名のなかに刑法を専攻する松宮孝明教授（立命館大学）が含まれているのも偶然とは思えない。二〇一七年のこと、犯罪を計画段階で処罰する「共謀罪」の趣旨を盛り込んだ組織的犯罪処罰法案が提出された際、松宮教授は法案提出に反対する声明の呼びかけ人となり、国会の参考人質疑でも法案の問題点を指摘した。『神奈川新聞』二〇一七年二月四日付のインタビューでは次のように論じている。「日本の刑法は『有害な行為が現に行われた』ことが犯罪であるとしてきた。これは同時に『思想は処罰されない』という意味であり、思想を表現しただけでも処罰されない法原理を築いてきた。この大原則は戦前に思想犯を数多く処罰してきたことに対する反省を踏まえて出来上がっている」

松宮教授の論は、はるかな時を隔てて滝川幸辰による治安維持法反対論を思い起こさせる。「思想を処罰する」ためには、「思想を処罰すべきではない」という学説の担い手を排除する必要がある。良くも悪くもというべきだろうが、大学が社会に流通する思想の総元締めのような役割を果たしてきた以上、「思想を処罰する」体制を整えようとする政府が、「思想は処罰されない」と説く刑法学者を排除したのは、自然な成り行きともいえる。

社会の負託に応える責務 ―― 「学問の自由」を捉え直す

ここであらためて一九三三年の思想対策協議会に提出された意見を振り返ってみよう。そこでは次の三点が指摘されていた。

① 「不穏思想」を抱く教授を徹底的に排除する。
② 「学部長、総長の互選」は教授の監督に際して弊害があるので廃止する。
③ 「大学の経費と人事」を文部省が掌握して監督を厳格化する。

学術会議問題は主にこの①の次元にかかわる。

それでは、「大学の自治」にかかわる②や③はどうなっているのだろうか。筆者の観測が悲観的に過ぎるかもしれないが、滝川事件当時よりもむしろ後退しているように思われる。

二〇〇四年の国立大学法人化の際に「多様で弾力的な人事制度」という口実のもとに「非公

務員型」の制度が採用された。予算、組織、人事などさまざまな面で「規制緩和」が推進され、教育公務員特例法も適用しなくてよいことになった。大学の裁量が拡大するというメリットが巧妙に宣伝されたこともあって、各大学の判断次第で教育公務員特例法が適用されなくなることの重大さに気づかなかった者（当時の筆者を含めて）が多かった。

法人化以後、②「学部長、総長の互選」をやめさせる圧力がいくつかの段階を経て高まっていった。すなわち、法人化以前に学内の最高意思決定機関だった評議会は教育研究評議会と名称を代えて権限を縮小される一方、新たに経営協議会なる組織が設けられて、政財界の有力者を「学外委員」として迎え入れる枠組みがつくられた。学長（旧帝大系では総長）選考に際しても、「学外委員」が学長選考会議の半数を占めるものとされた。二〇一四年に安倍政権下で学校教育法および国立大学法人法が改正され、教授会が諮問機関・意見具申機関に格下げされた。二〇二〇年、京都大学の総長選考会議は、教職員の意向投票（正式には「投票」ではなく、意向の「調査」と呼ばれることになった）で過半数を占めた者がいなかったにもかかわらず、決選投票を行なわないままに得票率三七％の者を総長に選出した（詳細は第II部第5章参照）。一九三三年の京都帝大の総長選考に際して、小西重直と佐々木惣一との間で決選投票が行なわれたことを考えれば、隔世の感がある。今の大学統治体制は、戦前よりも後退しているのだ。

③「大学の経費と人事」への監督も強化された。法人化以来、国立大学への運営費交付金は毎年一％ずつ削減され、二〇一六年度からは国立大学法人評価に基づく再配分と、重点支援

評価に基づく再配分が行なわれることになった。この後者は一定の金額を重点支援枠として、共通の評価指標に基づいて各大学の予算を傾斜配分する仕組みであり、政府・文科省の覚えめでたい「改革」を推進した大学に重点的に予算配分する枠組みとして機能した。教員の給与を年俸制として任期制を導入する措置や、学長選考にかかわる教職員の意向投票の廃止も、「経営者マインド」にふさわしい「改革」と位置づけられた。そのため、各大学の執行部は先を争うようにして教員の身分保障を解体し、学長互選の手続きを形骸化した。

さらに、戦時下に科研費制度を創設して大盤振る舞いをしたように、軍需産業を「成長産業」と見て産・学・官・軍の共同を推進しようとする力もまた根強い。それは、軍事研究への関与に慎重さを求めた学術会議声明（二〇一七年）に対する、政府の風当たりからも明白である。戦時下の「研究動員」がそうであったように、産・学・官・軍連携体制のもとで大学における知はもっぱら「国家有用」という方向に簒奪され、囲い込まれていく。他方で、こうした動向を批判的にとらえる人文学的な知は予算を削られ、ポストを削られ、大学内での地位を剝奪されていく。知の囲い込みと剝奪が同時並行的に進むのだ。

二〇二三年四月には、政府は会員任命拒否の理由を曖昧にしたまま学術会議法改正案を策定した。この改正案は批判を受けていったん撤回したが、その後も「改革」をあきらめず、同年一二月には学術会議を「国から独立した法人格を有する組織とする」方針を発表した（『朝日新聞』二〇二四年六月一八日付）。すでに国立大学の法人化を通じて明らかになったように、法人化とは政府が組織を維持する責任を放棄する一方、予算誘導により支配を強化する手段にほかならない。すなわち、「国から独立した法人格」という形式はまさに学問の独立性を損なうために要請されているのだ。その先には、国家による知の囲い込みと動員が待ち受けている。

こうした事態に対して、学問の社会的責務という観点から警鐘を鳴らしてきたのも、実は日本学術会議である。

「学問の自由」が単に研究の自由を意味するならば、戦時下に「国家有用」の研究をして教授ポストや発表機会や研究費を獲得しようと色めき立った学者たちへの抑止力とはなりえない。これに対して、日本学術会議は「学問の自由」を社会の負託に応える責務、それも「人類の将来社会」に応える責務という観点からとらえて次のように語る。*[14]

「学問を担う科学者コミュニティは、学問の自由が人類の将来社会、未来社会のために社会から付託された権利であることを自覚し、その負託に応える責務があると同時に、それ故にこそ学問の自由を侵すさまざまな権力や権威に対しては、今後も闘っていかなければならない使命を持っている」

ここに記されているように、「学問の自由」の根幹には権力や権威の圧力に抗しながら「専門分野の自治」を守ることで社会一般の「知る権利」を充実していく責務がある。このような意味での「学問の自由」をめぐる闘いはまだ始まったばかりである。

註

＊1　「安全保障関連法制に反対する学者の会」ウェブサイト。http://anti-security-related-bill.jp/（二〇二四年七月一七日確認。）

＊2　寺﨑昌男『日本近代大学史』東京大学出版会、二〇二〇年、九七頁、一二九頁。

＊3　松尾尊兊『滝川事件』岩波現代文庫、二〇〇五年、二五七頁。

＊4　滝川幸辰「学生事件の感想一つ二つ」『京都帝国大学新聞』一九二六年一〇月一日付。

＊5　滝川幸辰『激流』河出書房新社、一九六三年、一〇五頁。

＊6　同前書、三二頁。

＊7　西山伸「〈資料紹介〉滝川事件について」『京都大学大学文書館研究紀要』第六号、二〇〇八年。

＊8　「思想対策案に関する具体的方策諸意見蒐録」国立公文書館所蔵、アジア歴史資料センター ref. A15060002500。

＊9　前掲寺﨑『日本近代大学史』二三〇〜二三三頁。

＊10　戸坂潤「文化統制現象の分析」『改造』一九三五年八月号。

＊11　「精神科学研究奨励金交付ニ関スル件」一九四二年二月七日付発専一五号。

＊12　詳しくは駒込武・川村肇・奈須恵子編『戦時下学問の統制と動員――日本諸学振興委員会の研究』東京大学出版会、二〇一一年を参照。

＊13　吉岡斉『科学文明の暴走過程』海鳴社、一九九一年、四五頁。

＊14　日本学術会議学術と社会常置委員会「現代社会における学問の自由」二〇〇五年六月二三日。https://www.scj.go.jp/ja/info/kohyo/pdf/kohyo-19-t1030-16.pdf（二〇二四年七月一七日確認。）

第2章　私物化される大学
——国立大学法人法改正（二〇二一年）のゆくえ

「経営」に従属する「教学」

大学は社会的「公共財」といわれる。教職員や学生にとってはもとより、地域住民、さらに日本社会全体にとっての共有財産ということである。「公共財」として大学が果たすべき役割はどのようなものだろうか？　新型コロナウイルス感染症拡大のなか、二〇二〇年一一月に旭川医科大学で生じた出来事が、あらためてそうした問いを突きつけたように思う。

旭川市内の慶友会吉田病院で国内最大級のクラスター（新型コロナウイルス感染者集団）が発生、古川博之旭川医科大学病院長（当時）は市内基幹病院と連携して重症患者の転院を受け入れようとした。ところが、吉田晃敏学長（当時）はこれに反対して「受け入れてもいいが、その代わりお前がやめろ」と発言した。後日、吉田学長はこの発言が事実であることを認めたものの、学内会議の情報を「漏洩」したという理由で古川病院長を解任した（『北海道新聞』二〇二一年一月二七日付）。

これに対して、解任撤回を求める署名運動が地域住民により展開されたほか、学長選考にかかわる投票資格をもつ教職員が、過半数の署名を集めて吉田学長の解職を求める請求を学長選考会議に対して行なった（同、二月二三日付）。「大学のガバナンスに問題があると、講義で医師としての倫理を説かれても空々しく聞こえる」という学生の声も伝えられている（同、二月一〇日付）。

一連の事態の深層には、構造的な問題が横たわっている。吉田学長は、病院経営で赤字を出して文科省から厳しい指導を受けたこともあったため、利益確保を重視し、感染症患者の受け入れによる病床稼働率の低下を懸念していたという（『週刊文春』二〇二〇年一二月二四日）。他方、病院長は医療の公共性を重視する立場から地域住民への責務を優先しようとしていた。学長による病院長解任は、「教学」（研究・教育・医療）の公共性が「経営」に従属していることを象徴的に物語る。本来ならば、現場の声を吸い上げながらダイナミックで民主的な管理運営体制により「教学」と「経営」のバランスをとる必要があるのだが、二〇〇七年に就任して以来一四年間もの長期にわたって在職中の吉田学長の軸足はもっぱら「経営」に傾いていた。

この問題の淵源をたどれば、国立大学の独立行政法人化（二〇〇四年）に行き着く。公立大学も二〇〇四年を起点として法人化が推進された。

法人化とは、大学に法人格を付与することである。それによって各大学は自立性・独立性を確保することができ、人事や財務をめぐる裁量の余地を拡大し、特色ある研究・教育を実現することができる、という触れ込みであった。実際には、文科省は設置者として国立大学の経費を負担する義務を免れ、むしろ国立大学法人の「経営」のあり方に注文をつける側になる変化が生じた。法人化後、「ステークホルダー(利害関係者)」という経営学に由来する概念が導入され、卒業生、寄附者、共同研究等を進める企業、国や地方自治体、地域住民など多様なステークホルダーに対して説明責任を果たすことの重要さが強調された。

法人化後、時をおかず、財務省は独立行政法人一般に適用される運営費交付金の削減というルールを国立大学法人にも適用する方針を打ち出し、「経営」重視の観点から大学業務の民間企業への委託と外注化、人件費の削減を促進した。*1

では、法人化を契機として自主的で、しかも「地域社会に開かれた大学」は実現したのだろうか。答えは「NO」である。法人化を契機として国による財政的支配はむしろ強化された。「開かれた」のは政権与党や一部の財界人に対してであって、地域住民に対してではなかった。この微妙でありながら決定的な分岐点を形づくる装置が大学の統治体制(ガバナンス)である。

法人化後の統治体制

法人化以前、国立大学の学長は教職員による投票の結果に基づいて、評議会（教授会選出の評議員や学部長等により構成される最高意思決定機関）が指名していた。一九一九年に東京帝国大学で実施して以来、総長選挙は大学自治を象徴する慣行となっていた。*2

一九四九年に制定された教育公務員特例法は戦時下における大学への政治介入への反省から大学自治の慣行を補強し、学長の選考は前述のとおり評議会が、学部長等については教授会が行なうというように、学内合議体の議にのみ基づいて選ぶという原則を制度化した。ところが、法人化により教職員が非公務員とされたのにともなって、この特例法は各大学の判断で適用しなくてもよいことになった。これは憲法に定める「学問の自由」と、その制度的保障としての「大学の自治」を脅かすという批判も提起されたものの、社会のニーズに「機動的に」対応する必要があるという論理にねじ伏せられた。

図1は文科省が作成した、法人化後の国立大学のガバナンスを示す図である（二〇二〇年時点）。従来の評議会は教育研究評議会と名称を変えて権限を縮小された。一方、学長と学長の指名した理事が役員会を構成し、新たに経営協議会を設けてその半数は学外者とすることになった。そのうえで、学長選考会議なる組織が新たに設けられて、教育研究評議会の選出した

図1　文科省の描くガバナンス像

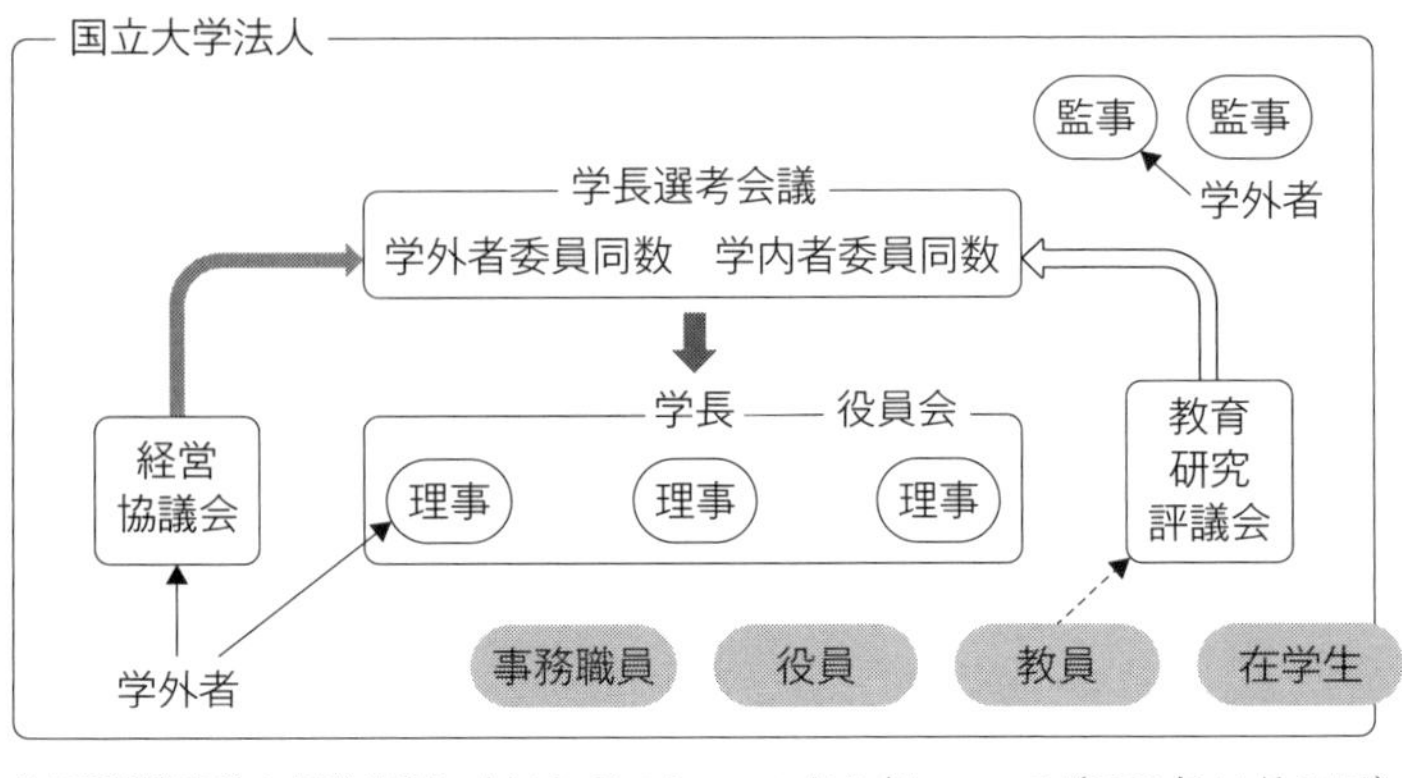

（出所）「戦略的な経営実現に向けたガバナンスの在り方について」（2020年11月27日）

「学内委員」の同数から構成されることになった。学長と理事の構成する役員会を中心として左右に経営協議会と教育研究評議会を配置するこの構図は、「経営」と「教学」のバランスをとる仕組みを表現している。しかし同時に、この図であえて表現されていないことに注意が必要だ。

第一に、経営協議会には学長と理事も含まれている。議長は学長であり、委員も学長が選出する。教育研究評議会についても、ほぼ同様である。かくして学長の選出した委員が次の学長を選出（現職の場合には再任）する不思議な仕組みができあがる。

第二に、文部科学大臣の存在が欄外に追いやられている。図1右上に位置する監事は大学からの推薦に基づいて文科大臣が任命することになっている。法人化後、監事の職責は会計監査にとどま

図2　国立大学法人ガバナンス体制（著者作成）

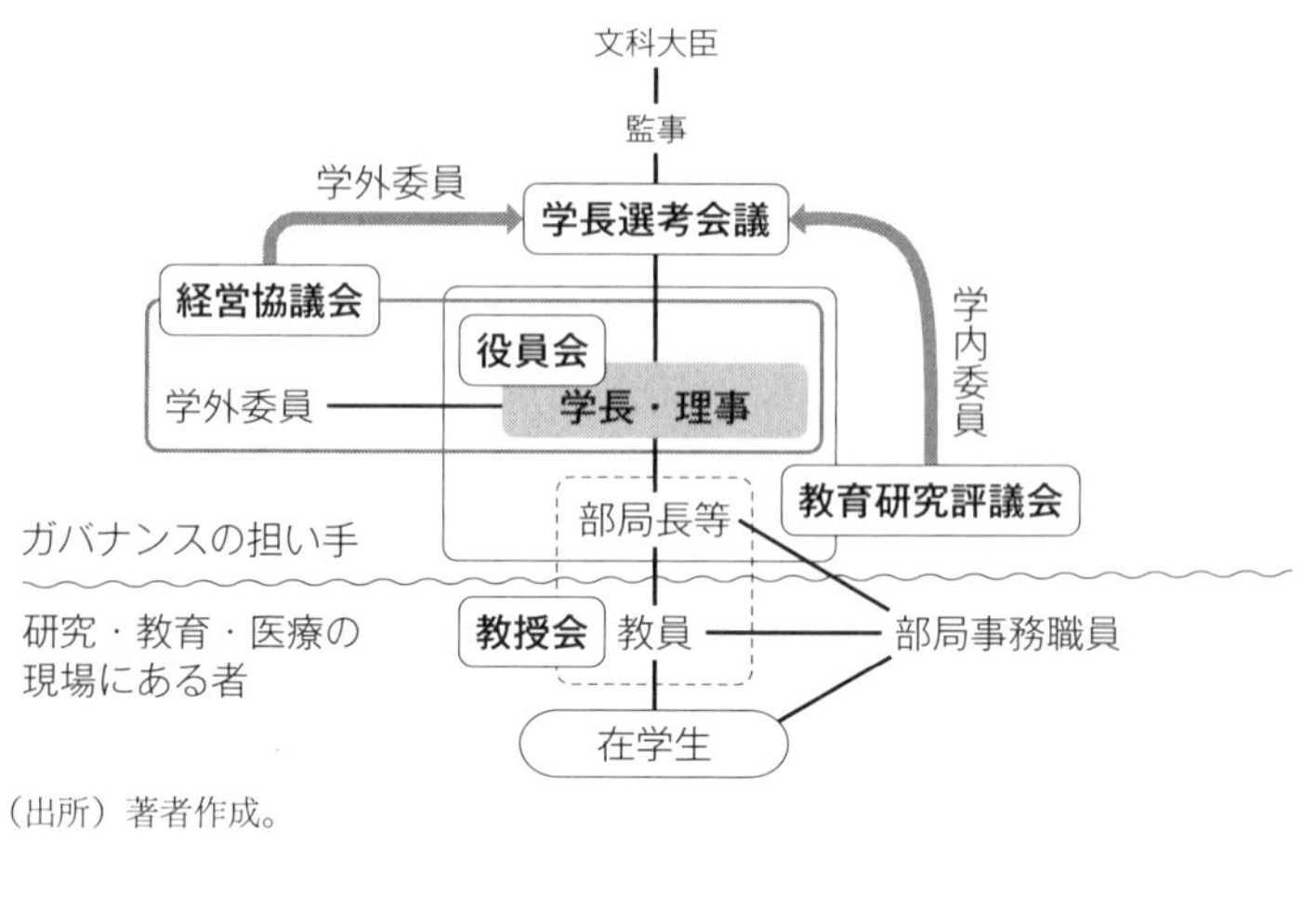

（出所）著者作成。

らず、文科大臣の定める中期目標の「効率的」実施についての意見や、学長ら役員による不正行為があった場合の文科大臣への報告などを含む方向へと拡大してきた。かくして学長は予算確保のために「経営者マインド」を発揮していっそうの「効率化」を迫られることになる。

第三に、底辺に役員と事務職員・教員・在学生を並列して記しているため、少数の役員への権力集中がわかりにくい。教育研究評議会が学内に根をもつのに対して、経営協議会はそうではないという違いもわからない。

これらの点に着目して図1を修正すると**図2**のようになる。教授会の選出した部局長（学部長等）や評議員からなる教育研究評議会は、教職員や学生など「下から」の意向を学長に伝える仕組みのはずだった。ところが、政府・文科省の圧力のもとでこの「下から」の監視機能が弱められ、学長選考にかかわる教職員の意向投票を廃止したり、部局長までも事実上の学長指名としたりする大学が増加している。この傾向は「地方」国立大学で次第に増加し、それが「中央」の大学へと広がりつつある。

大学には国政のような権力分立のシステム——それも制度設計どおりに機能しているか今日では怪しいのだが——があるわけでもなく、企業のように株主総会の仕組みがあるわけでもない。そのため学長が暴走するとほとんど歯止めがきかなくなる。図2では波線で上下段に裁断してみたが、しばしばガバナンスの担い手（上段）と研究・教育・医療の現場にある者（下段）との間の亀裂が拡大することとなる。大学によっては学内構成員の意向はほとんど無視され、教授会の専門性すらも否定され、大学の公共的責務が果たせなくなっている。公共性を失わせる最も重要な要因が、学長らガバナンスの担い手の専断や恣意性である。

学長権限の肥大化が招き寄せる弊害があらわになったためであろう、二〇二一年三月、菅義偉内閣（当時）は国立大学法人法「改正」案を閣議決定し、五月に国会を通過させた。以下に見ていくとおり、これにより、研究・教育・医療の現場と乖離した少数者に権限を集中する寡頭制的な傾向はむしろ強化されることになった。

この「改正」は文字どおりの「糊塗策」、すなわち傷口が膿んでいるにもかかわらず、消毒すらしないまま、とりあえず絆創膏を貼っておけというような対処法である。問題の根源、すなわち学長独裁とも呼ぶべき統治体制の歪みが現場の混乱と沈滞を招き、さらに学生も保護者も地域住民も置き去りにしていく構造に注意深い視線を向ける必要がある。まず必要なことは、化膿した傷口に目を凝らすようにして、冷徹に事実を見すえることである。壊死した組織を再生し、国公立大学の公共性を鍛え直す試みも、そこからしか始まらないからである。

統治体制に内装されるハラスメント

二〇二一年三月に上程された国立大学法人法の「改正」案は、学長による「トップダウン」の統治体制は温存しながら、政府与党による間接統治をさらに強化しようとするものだった。その危うさを広く訴えるために、オンライン署名（本書四八頁、資料1参照）を始めたほか、永田町を訪れて国会議員に法案の問題点を説明して回った。このときに作成した説明資料に基づいて『「私物化」される国公立大学』（岩波書店、二〇二一年九月）と題するブックレットを編集・刊行した。このブックレットでは、七大学（北海道大学、筑波大学、東京大学、京都大学、下関市立大学、福岡教育大学、大分大学）の事例を取り上げた。これ以外にも同様の問題を抱えた大学は多数にのぼる。さしあたりこの七大学を選んだのは、大学の内部から告発する者がたまたま国立大学法人法「改正」案に反対する運動のなかで相互につながり合えたからにほかならない。その点では恣意的なサンプリングなのだが、期せずして共通の問題軸が浮かび上がってきてもいる。

共通の問題軸の一つは、大学役員層によるハラスメントである。もう一つの軸は軍事研究である。

教職員による学生へのハラスメントや教職員同士の間でのハラスメントが重大な問題であることはいうまでもない。見過ごしてはならないのは、学長、理事、副学長など大学役員層によるハラスメントが増えていることである。ただし、役員層によるハラスメントが「ハラスメント」として認定されることはまずない。なぜならば、多くの場合、その認定にかかわる最終的な決定権をもつのもまた役員層だからである。

ブックレットで取り上げた福岡教育大学の場合、学長が、給与削減を不当とする裁判の原告に名を連ねた教員を評議員に任命することを拒否した。当該の教員が学長をハラスメントで訴えたところ、学内の人権教育推進委員会は、「学長は指針と規程上ハラスメントの被申立人になりえない」と結論した。顧問弁護士の見解をふまえた結論だったという。[*3] 公立の下関市立大学では、学長独裁体制のもとで多くの教員が「職務義務違反の疑い」「ハラスメントの疑い」などで調査されたり、懲戒の申し出を受けたりした。そうした事態に遭遇した教員が全教員の二割にものぼるという。[*4]

総じていえば、役員らによるハラスメントは放置され、責任を問われない仕組みがある。他方で、役員らはしばしば恣意的な手続きで教職員のハラスメントを認定している。そこには圧倒的に不均衡な権力関係が存在している。一般の教職員や学生に無力感を日常的に植えつける仕組みは、いわば大学統治体制に内装されたハラスメントだともいえる。

京都大学におけるハラスメントをめぐる対応体制もその例外ではない。現在の体制では、ハラスメントにかかわる全学相談窓口から担当理事に報告がなされることになっている。だが、二〇〇五年に制定した「京都大学ハラスメント防止・対策ガイドライン」では、全学相談窓口の報告先は担当理事ではなく、教職員の構成するハラスメント専門委員会となっていた。筆者を含めてガイドライン制定に携わった教職員は他大学のガイドラインを広く渉猟しながら、ハラスメント被害者の人権を守るための工夫を凝らしていた。ところが、二〇〇八年に尾池和夫氏が総長を退任して松本紘氏が総長に就任すると、総長サイドの強引な手法によりこのガイドラインは廃止され、全学相談窓口の報告先は担当理事に変更された。もしも担当理事やこれに近い人物がハラスメントを起こした場合にはどうなるのか、容易に握りつぶしてしまえるのではないか、という問題提起は聞き入れられなかった。[*5]

このハラスメント対応をめぐる問題は、教職員による合議から学長などの役員層による専断へという変化を象徴している。権力のチェック・アンド・バランス機構が働かず、「法による支配」ではなく「人による支配」が行なわれるようになっていると評してもよい。この属人的な専制を揺るがぬものにするために、学長選考のプロセスから「投票」という要素を消し去る流れも生じている。

どのようなプロセスで学長専断体制が構築されたのか。ブックレットで取り上げた六国立大学について整理すると次のようになる。

①学長選考会議が学長候補者の絞り込みにかかわる情報を非公開。
東京大学（二〇二〇年）、京都大学（二〇二〇年）

②学長選考会議が過半数を獲得した候補者がいない場合でも決選投票を不実施。
北海道大学（二〇二〇年）、京都大学（二〇二〇年）

③学長選考会議が投票において一位でない者を学長候補者に選出。
福岡教育大学（二〇一三年）、筑波大学（二〇二〇年）

④学長選考会議が教職員による投票の制度を廃止。
福岡教育大学（二〇一五年）、大分大学（二〇一五年）

⑤学内規則における学長任期の上限を撤廃。
大分大学（二〇一五年）、筑波大学（二〇二〇年）

最も極端なケースは大分大学である。投票を廃止して任期の上限も撤廃したために現職学長が望むならば終身その地位にありつづけられる仕組みとなっている。福岡教育大学、筑波大学もこれに近い状態となっている。それに比するならば、北海道大学、東京大学、京都大学という旧帝大系の大学ではまだしも投票らしきことが行なわれていた点が異なる。ただし、これも正式な「投票」ではなく、学長選考会議が選考にあたって参考にすべき「調査」にすぎないと位置づけられている。

強化しすぎた学長権限

学長権限の強化にかかわる重大な転換点は、二〇一四年と二〇一九年であった。

まず二〇一四年前後の時期、重大な変化が生じていた。一三年末に日本経済団体連合会が「イノベーション創出に向けた国立大学の改革について」という文書を発して、「企業ガバナンスを参考とした運営体制の強化」「企業など外部組織との連携強化」という観点から、学長選考にかかわる意向投票の結果は参考にとどめ、学長の通算任期の上限も見直すべきと提言していた。[*6] 京都大学では松本紘総長（当時）と安西祐一郎選考会議議長（当時日本学術振興会理事長）がこの提言に従おうとしていることが判明した。京都大学職員組合が意向投票廃止に反対する署名運動を展開したところ、四日間で一〇〇〇名を超える賛同者が集まり、学生たちは本部事務棟で座り込みを行なった。結果として従来どおりの方式で総長選考が行なわれた。筆者を含めて職組の関係者は「勝利」を祝って胸をなで下ろしていた。

ところが、ほぼ同じ時期、残任期間中の松本総長や安西氏は文科省「大学のガバナンス改革の推進方策に関する検討会議」の委員として「学校教育法及び国立大学法人法の一部を改正する法律等の施行通知に盛り込む内容について」（二〇一四年八月二六日付）をとりまとめ、教職員による意向投票の結果に従うのは「適切ではない」と結論づけ、施行通知に次のように記した[*7]。

選考の過程で教職員による、いわゆる意向投票を行うことは禁止されるものではないが、その場合も、投票結果をそのまま学長等選考会議の選考結果に反映させるなど、過度に学内又は機構内の意見に偏るような選考方法は、学内又は機構内のほか社会の意見を学長又は機構長の選考に反映させる仕組みとして設けられた学長等選考会議の主体的な選考という観点からは適切でないこと。

ここでは「学内」と「社会」とを対比して「社会の意見」を聞くべきだとしている。だが、一連の変化が経団連の報告書に発していることに象徴されるように、この場合の「社会」とは実は政財界の有力者にほかならないことが、施行通知の実施過程で明らかとなった。法改正それ自体に含まれていない内容を施行通知に紛れ込ませ、さらに各大学の内部規則の改正まで一律に求めるのは行政権の濫用といえる。

さらに、二〇一九年七月に第二次安倍内閣の行なった閣議決定「経済財政運営と改革の基本方針２０１９」（骨太方針２０１９）における次のような文言が意向投票の形骸化を決定的な学長、学部長等を必要な資質に関する客観基準により、法律に則り意向投票によることなく選考の上、自らの裁量による経営を可能とするため、授業料、学生定員等の弾力化等、新たな自主財源確保を可能とするなどの各種制度整備を早急に行う。

ものとした。*8

この閣議決定には小さからぬ問題がはらまれていた。第一に、二〇一四年当時は下村博文文科大臣（当時）も国会で意向投票を禁止するつもりはないと繰り返し答弁したにもかかわらず、ここでは「意向投票によることなく」というように、禁止を示唆する文言となっている。行政の一貫性を欠いているのだ。

第二に「法律に則り」と書いてあるが、国立大学の学長選考方法に言及した「法律」があるとすれば、教育公務員特例法である。大学の自治の制度的保障を図る同法の趣旨からすれば、むしろ閣議決定が違法であり、国会の立法権の侵害ともなる。

第三に、学部長選考についても教授会の投票をやめさせようとしている。学部長が教授会による選出ではなく、学長指名となると、教育研究評議会を構成する評議員も大半が学長指名ということになる。かくして教育・研究の現場にある教職員・学生と大学役員層はほぼ完全に分離されて、全面的な学長独裁が可能となる。戦前の思想対策協議会でも軍は「学部長、総長の互選は教授の監督上弊害多きを以て廃すべし」という意見書を提出していた（本書第Ⅰ部第1章参照）。まさにその再現ともいうべき事態が生じていることになる。

第四に授業料の「弾力化」、すなわち授業料上限の撤廃に言及している点に留意が必要である。トップダウンの強化と学生負担の増大は、企業モデルの「経営効率化」という点で表裏一体のことなのだ。「自らの裁量による経営」「自主財源確保」は、政府が国立大学を財政的に維持する責任から逃れようとする姿勢を象徴する。

二〇一四年の施行通知にしても、一九年の閣議決定にしても、法的な拘束力はない。だが、法人化以後、政府・文科省が運営費交付金の減額と傾斜配分により裁量権を強化してきたため、大学役員層は「これ以上、予算を減らされないためには……」と忖度することに馴らされてしまってきた。大学によっては、むしろ学長らが文科省・県庁からの天下り理事や地元財界人と一体となって、大学内部の存在でありながら大学自治を掘り崩す主体となっているケースも見られる。そうした大学役員層にとって意向投票廃止はむしろ渡りに船、組織内における自分たちの権力を強化するものと受け取られたことであろう。実際、一九年の閣議決定以降、教職員の意向「投票」という言葉すら使われず、意向「調査」や意向「聴取」という言葉が用いられることとなる。大学役員層によるハラスメントを不問にする体制と相まって、こうした人事制度が教職員や学生に対して学習性無力感を植えつける仕組みとなる。

このように政府与党は学長の権限を強化してきたわけだが、その一方で学長の「独断専行」

を戒めなくてはならない事態も生じている。二〇二一年の通常国会で成立した国立大学法人法「改正」では、従来の学長選考会議を学長選考・監察会議として学長への監督機能を強化するとともに、文科大臣の任命する監事に対して「学長に不正行為や法令違反等がある」と判断したときに学長選考・監察会議に報告する権限を与えた。[*9]

このときに衆議院調査局文部科学調査室が作成した資料では、「学長への牽制機能」という言葉を用いて「改正」案の提案理由を説明している。いわく、二〇一四年の学校教育法および国立大学法人法の改正により「学長が最終決定権者であること及び教授会が議決機関ではないことを明確化」した。「このように学長のリーダーシップが強化され、戦略的に大学をマネジメントできるガバナンス体制の構築が進む一方で、学長選考会議の有する学長等の牽制機能が十分に発揮できていない状況である[*10]」。

平たくいえば、学長の権限を強化しすぎたために、学長の「不正行為」や「法令違反」等が生じることになった。そこで、文科大臣の任命する監事や学長選考会議の権限を強化することが必要になったということである。一般のヒラ教員の立場からすれば、学長の「不正行為」や「法令違反」は確かに問題なのだが、これをチェックするためには学内の構成員による「下から」の牽制機能こそが必要である。だが、このときの国立大学法人法「改正」の方向性は正反対、むしろ監事・学長選考会議の権限を強化することでいわば屋上屋を架すように、学長を「上から」統制するというものであった。

トップダウンで推進される軍事研究

大学統治におけるトップダウンの強化と表裏一体の関係にあるもう一つの共通軸は、軍事研究の推進である。[*11] 二〇一四年の学校教育法および国立大学法人法「改正」と同じ時期、大学の研究者を「軍事研究」に誘導しようとする仕組みがつくられた。「軍事研究」という言葉には多様な定義がありうるものの、さしあたりここでは防衛装備庁による「安全保障技術研究推進制度」による助成を受けた研究と、操作的に定義しておく。

二〇一五年度に防衛装備庁による軍事研究への助成が始められた。図3の折れ線グラフは、一五年度から二三年度にかけての研究費の総額を表す。一五年度は総額三・六億円であったが、二一年度以降は一〇〇億円程度と四〇倍近くに増加している。[*12]

図の棒グラフには、応募総数、そのうち研究代表者が大学所属のプロジェクトの件数、さらにそのうち採択された件数が示されている。国・公・私立大学からの応募は、創設当初は五八件、総応募数の半分近くを占めていたが、一六年度は二三件、一七年度は二二件、一八年度以降は一二件以下と減少し、二三年度に二三件まで増加している。この制度での採択が多いのは宇宙航空研究開発機構や物質・材料研究機構のような国立研究開発法人であり、大学教員を研究代表者とする研究課題で実際に採択されたのは〇〜五件にとどまる。

図３ 「安全保障技術研究推進制度」と大学

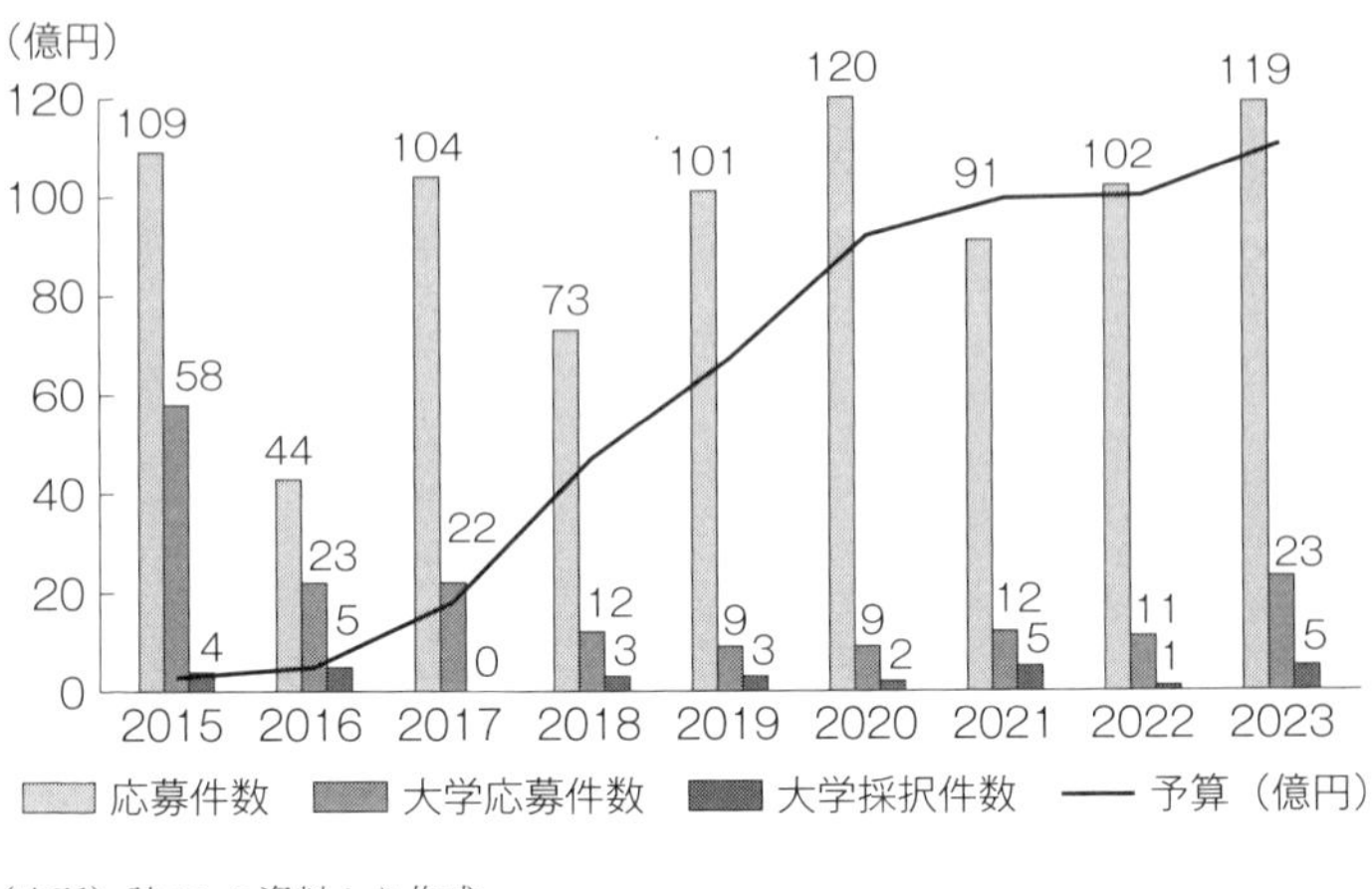

（出所）註12の資料より作成。

国立大学に限定して、採択された大学を確認すると次のようになる。

東京工業大学（二〇一五年度、二一年度、二三年度）、豊橋技術科学大学（一五年度、二一年度、二三年度）、東京農工大学（一六年度）、北海道大学（一六年度、二三年度）、岡山大学（一八年度、二一年度）、大分大学（一八年度、二一年度）、筑波大学（一九年度）、山口大学（一九年度）、宇都宮大学（二一年度）、熊本大学（二三年度）、北見工業大学（二三年度）

採択されたのは一一校となる。このうち二度以上にわたって研究費を交付されているのは豊橋技術科学大学、北海道大学、岡山大学、そして大分大学である。

すでに指摘したように、大分大学では

二〇一五年に学長選考にかかわる意向投票を廃止し、学長任期上限も撤廃した。その後、一八年度に防衛装備庁の研究費に応募して、採択された。一九年五月には「理工学部の研究助成に係る審査細則」を制定して研究助成の受け入れにかかわる審査体制を整えたものの、学部長が単独で審査することが基本であった。同じ年、学長は経済学部教授会の選出した候補者とは別の人物を学部長に選任し、学部長を事実上の学長指名制とした。これにより、学長が望むならば、軍事研究にかかわる歯止めは事実上ないに等しいものとなり、二一年度に再び防衛装備庁の研究費が採択されることになった[*13]。

この大分大のケースでは、学長の権限強化がまず進行し、そうした統治体制を基盤としながら軍事研究を推進する体制がつくられたといえる。これに対して、筑波大学では軍事研究を推進することが、文科省のバックアップのもとで学長の権限を強化することにつながったと見ることができる。

筑波大では二〇一八年に「本学では軍事研究を行わない」という「基本方針」を決定した。そこでは次のように書かれている。「学問の自由及び学術研究の健全な発展を図るため、研究者の自主性・自律性が尊重され、かつ研究の公開性が担保されるものでなければならない。これらに反していることから、本学は軍事研究を行わない[*14]」。ところが、翌一九年九月に防衛装備庁が研究助成について応募者が少なかったために二次募集をしたところ、筑波大が申請して採択された。四年間で総額一二億円という巨額のプロジェクトだった。永田恭介学長は、前年に策定した「基本方針」と矛盾しているという批判に対して「防衛（に関する研究）はかまわない」という見解を示した（『毎日新聞』三月二七日）。

二〇二〇年四月、筑波大では学長選考にかかわる「意向投票」を「意見聴取」に転換して、いわば教職員のアンケートのようなものにすぎないと位置づけ直したうえで、学長任期の上限を撤廃した。同年九月には文科省が「学長の強いリーダーシップ」を評価して筑波大を指定国立大学法人に指定、その数日後、学長選考会議は、教職員の意見聴取に大差で敗れた永田学長を再選した。永田学長が基本方針をひっくり返してまでも軍事研究を推進しようとしたことが、再選の前提条件となったように見える。[*15]

筑波大と対照的なのが北海道大学のケースである。北大では二〇一八年に総長選考会議の議長らが名和豊春総長（当時）に辞任を勧告。これをきっかけに名和総長の「パワハラ」疑惑にかかわる報道がなされたのち、一九年に総長選考会議が解任を議決し、文科大臣に解任を申し出た。ところが、総長解任というこの重大事態について学内構成員への説明は一切なく、選考会議は情報開示の要求にも応じてこなかった。二〇年に萩生田光一文科大臣（当時）が北大総長選考会議の申し出を受けて名和総長解任を決定し、北大総長選考会議は新総長を選出した。他方、名和前総長は解任を不当として北大を提訴、二一年になって北大はハラスメントにかかわる公式の文書は存在しないことを認めた。

すでに指摘したように、学長・総長らの役員層によるハラスメントはハラスメントとして認定されない事態が一般化している。これに対して、北大のケースは、総長の地位にある人物がハラスメントを理由として解任された稀な例である。しかも、文科大臣による戦後初めての国立大学総長解任である。それにもかかわらず、総長解任に至るプロセスで学内構成員にかかわる説明が一切なされず、ハラスメントにかかわる公文書も存在しないという異常な事態が生じている。こうした驚きの事実に接して、それでは何が原因だったのかと考えざるをえない。北大の山形定氏は、軍事研究をめぐる問題も不可解な解任劇の要因の一つであった可能性を指摘している。[*16] 北大は、二〇一六年度に防衛装備庁の研究助成に採択された。旧帝大系の大学では唯一の採択であった。実はこのとき、名和前総長は工学研究院長として軍事研究推進派だった。だが、一七年に日本学術会議が「軍事的安全保障研究に関する声明」を発表したところ、北大はこの声明を尊重して一八年度の研究費の辞退を申し出た。

各種メディアで防衛装備庁による研究助成の辞退が報道されたのは、一八年六月である（『朝日新聞』二〇一八年六月九日付）。総長選考会議の議長が名和総長に辞任を迫ったとされるのは、その約三カ月後である。現状ではあくまでも仮説にとどまるが、軍事研究を妨げる者は学長といえども排除されかねない事態が生じているようにも思える。

二〇二〇年に日本学術会議会員の任命拒否問題が起きた際に、政府・与党の関係者はこの問題を帳消しにするかのように、日本学術会議バッシングを展開した。とりわけ甘利明議員は「中国の軍事研究につながる『千人計画』に学術会議が積極的に協力している」という趣旨のことをブログで記し、あからさまにバッシングの機運を煽った。日本学術会議関係者から「悪質なデマ」という批判が提起されたために、「適切でなければ訂正」という見解を表明したものの、すでに誤情報は取り返しのつかない形で拡散されていた（『東京新聞』二〇二〇年一〇月一六日付）。

軍事研究の推進は、特定の大企業の利益を図ることにもなる。防衛省の契約実績の上位企業（三菱重工業、川崎重工業、富士通など）による自民党への献金合計額が毎年億を超えることに着目するならば、大学をこれらの企業の製品（兵器）開発に貢献させるシステムの構築は、自民党政権にとって小さからぬメリットがあると見るべきだろう。産・学・官連携の先には、産・学・官・軍連携が見すえられている。

大学の私物化に抗して

第二次安倍政権から菅政権に継承された大学「改革」は、大学の内部において異論を封じ込める一方、外部とのかかわりでは産・学・官に、さらに軍という要素まで加えた連携を進める方向に向かっている。元文部次官である前川喜平氏らが森友学園問題、加計学園問題などをとらえて第二次安倍政権による「国家の私物化」についての警鐘を鳴らしてきたが、国家を私物化する政権が大学統治を強化すれば「大学の私物化」が促進されるのは自明の理ともいえる。

国の方針が産・学・官・軍複合体の私的な利益に奉仕する傾向を強める一方、大学役員層は国の方針を忖度してこの複合体の利益を支えることで自らの立場を強化し、研究・教育・医療の公共性をないがしろにする。さらに、「稼げる大学」という目標に向けて大学を最適化したという「手柄」を挙げるために、官界や財界と持ちつ持たれつの関係を形成し、恣意的な人事や専断により大学構成員の異論を封殺する。このような「大学の私物化」に立ちはだかる障壁として、「大学の自治」や日本学術会議が存在するわけである。その点では、大学の自治への攻撃も、日本学術会議への攻撃も、共通の根に発するものといってよい。

それでは、「大学の私物化」に抗して、「大学の公共性」を再建する動きはどのようなものでありうるのか。本章の冒頭において、旭川医科大のケースに即して、医療を通じた地域社会と大学とのかかわりを取り上げた。医療と同様に、教員の養成と供給もまた、地域社会と大学の重要な接点である。

教員養成をめぐる公共性を考えさせる一つのケースを取り上げたい。二〇二〇年のこと、京都教育大学は、附属小中学校について特別なケアを必要とする子どものための「特別支援学級」を廃止する方針を公表した。大学側の言い分は、財政上の理由で「特別支援学級」の教員を養成するコースを維持することも困難ということであった。障がいをもつ子どもの教育にも「経営」優先の原理が貫徹しているわけである。これに対して、保護者を中心として、市民が白紙撤回を求める署名運動を展開した。その署名とともに提出した意見書では、京都教育大学附属小中学校特別支援学級がその実績と特色により市民から厚い信頼を得てきたことを指摘したうえで、特別支援学級がなくなることは普通学級で学ぶ子どもたちにとっても大きな損失であると説き、次のようにその存続を求めた。*17

> 自分の暮らす町で、年老いても病を得ても障がいを得ても、安心して自立して暮らしていくためにはどのような教育や福祉の制度が必要か、それは本来、市民自らが考え対話し、形作っていくものであると思っています。
>
> 安心できる町を作る基本は、多様な価値観を認め合い、多くの選択肢の中から自分たちにあった制度を選べることではないでしょうか。〔中略〕
>
> 国立大学運営費交付金の大元は、わたしたちの納めている税金です。こと教育に関し、税金を惜しみなくしっかりと投入していただきたい、そして「公共」を旨とした教育機関であるからこそ、公共に資する教育を全うする矜持を持ち続けていただきたいと切に願います。教育・研究の「成果」を何もかも数値化して「効率性」と「生産性」を優先しようとする体制は、教育の現場を根本から蝕みます。とりわけ特別なケアを必要とする子どもたちの学びの環境は、いかなる理由があるとしても「効率化」や「機能強化」の圧力から守られるべきです。

運営費交付金はもともと庶民の納める税金である。政府与党がそれをあたかも自分のポケットマネーを出すかのように出し惜しみ、大学に「自主財源確保」を求める仕組みは、大学関係者を窮地に追い込むばかりではなく、教育・研究・医療の公共性を破壊し否定するものである。軍事的なものであれ、経済的なものであれ、「安全保障」は公共の利益であるという建前のもとに語られる。だが、コロナウイルス感染症患者や特別支援学級の子どもを犠牲にすることで守られる「公共性」とは何なのだろうか。「年老いても病を得ても障がいを得ても、安心して自立して暮らしていくためにはどのような教育や福祉の制度が必要か」。そうした保護者・市民の声に耳を傾けるなかで「大学の公共性」を再建することこそが求められている。

註

＊1　光本滋「国立大学の独立行政法人化と高等教育政策の変容」『日本教育政策学会年報』第一一巻、二〇〇四年。

＊2　寺﨑昌男『東京大学の歴史——大学制度の先駆け』講談社学術文庫、二〇〇七年。

＊3　江頭理江・喜多加実代「第6章　教育界に逆行する教員養成『改革』」駒込武編『「私物化」される国公立大学』岩波書店、二〇二一年。なお、私立大学を含めた最新の動向については、田中圭太郎『ルポ 大学崩壊』（ちくま新書、二〇二三年）を参照。

＊4　教員有志「第1章　大学が『私物化』されるとはどういうことか」同前。

＊5　駒込武「京都大学はどこに向かうのか?——人権問題への対応をめぐる『新体制』の問題点」『京都大学新聞』二〇〇八年四月一六日付。

＊6　日本経済団体連合会「イノベーション創出に向けた国立大学の改革について」二〇一三年一二月一七日。https://www.keidanren.or.jp/policy/2013/112_honbun.pdf（二〇二四年七月一七日確認。）

＊7　「学校教育法及び国立大学法人法の一部を改正する法律及び学校教育法施行規則及び国立大学法人法施行規則の一部を改正する省令について（通知）」二〇一四年八月二九日。https://warp.ndl.go.jp/info:ndljp/pid/11402417/www.mext.go.jp/b_menu/hakusho/nc/1351814.htm（二〇二四年七月一七日確認。）

＊8　「経済財政運営と改革の基本方針２０１９」二〇一九年六月二一日閣議決定。https://www5.cao.go.jp/keizai-shimon/kaigi/cabinet/honebuto/2019/2019_basicpolicies_ja.pdf（二〇二四年七月一七日確認。）

＊9　「国立大学法人法の一部を改正する法律案（概要）」二〇二一年三月三日。https://www.mext.go.jp/content/20210303-mxt_hourei_000013162_1.pdf（二〇二四年七月一七日確認。）

＊10　衆議院調査局文部科学調査室「国立大学法人法の一部を改正する法律案（内閣提出第四四号）に関する資料」二〇二一年四月。

＊11　この点について、佐藤嘉幸「筑波大学長選考と国立大学ガバナンス改革問題」『現代の理論』第二四号、二〇二〇年一一月を参照。

＊12　予算については、内閣府「競争的研究費制度」（https://www8.cao.go.jp/cstp/compefund/）に掲載された各年度当初予算、応募採択件数については防衛装備庁ウェブサイト「安全保障技術研究推

進制度」（https://www.mod.go.jp/atla/funding/kadai.html）に掲載された各年度「安全保障技術研究推進制度　応募概要」。

＊13　大分大学のガバナンスを考える市民の会「第4章　歯止めなき介入」前掲『「私物化」される国公立大学』。

＊14　「筑波大学における軍事研究に関する基本方針」二〇一八年一二月一三日。https://www.tsukuba.ac.jp/images/pdf/2018m01.pdf（二〇二四年七月一七日確認。）

＊15　佐藤嘉幸「第3章　政治に従属する大学へ」前掲『「私物化」される国公立大学』。

＊16　山形定「第5章　放逐される総長――北海道大学」同前。

＊17　教育の未来を考える会「京都教育大学附属小中学校『特別支援学級廃止案』に関する意見書」二〇二〇年一二月二五日。https://www.facebook.com/permalink.php?story_fbid=1632976489119850&id=102969068278177（二〇二四年七月一七日確認。）

資料1　学長選考会議の権限強化に反対します――これ以上、大学を壊さないでください！

（大学の自治の恢復を求める会、二〇二一年三月一一日）

政府は、三月二日、国立大学の学長を選ぶ「学長選考会議」の権限を強化して「学長選考・監察会議」とする国立大学法人法改正案を閣議決定し、今国会に提出するとしています（『朝日新聞』三月三日付、『日本経済新聞』三月二日付）。わたしたちは、学長と学長選考会議の権限をむしろ縮小して限定すべきという立場から、この改正案の廃案を求めます。

国立大学の学長による不正や不適切な言動が注目を集めていますが、その学長を選出したのは学長選考会議です。政府は、学長選考会議が教職員の意向にかかわりなく学長を選ぶことを求め、教職員による「意向投票」を「意向調査（聴取）」と改めさせました。昨年、京都大学では「意向調査」で過半数を獲得した候補者がいなかったにもかかわらず選考会議は決選投票を行わず、東京大学では選考会議が「意向調査」の対象となる候補者をあらかじめ不透明な形で絞り込み、筑波大学では選考会議が「意向調査」において大差で敗れた現職学長の再任を決めました。さらに選考会議は学長選出の権限ばかりでなく、その解任を文部科学大臣に申し出る権限をもち、実際に北海道大学では学内外への説明も行わないままに密室で解任の方針を定めました。

せいぜい一〇数名の選考会議委員にかくも大きな権限を持たせ、数千名に及ぶ教職員や学生の意向よりも優先させる仕組みは、あまりにも非民主的です。今回の「改正」案では学長選考会議の委員に学長は加えることはできないようにするとしていますが、それでも選考会議委員の選出母体（経営協議会・教育研究評議会）のメンバーの大半を学長が選出することになっているために、「学長が選んだ少数の委員が次の学長を選ぶ」自己完結的な仕組みに変わりはありません。また、「改正」案では監事による学長監視の機能を強化するとしていますが、監事は文科大臣が任命することになっていますから、文科省の意向や都合から独立した判断・決定ができるとは考えられません。大学の構成員から何のチェックも受けない選考会議や監事の権限をどれだけ大きくしても、学長を含む大学執行部の暴走は抑えられません。

実際、大分大学や福岡教育大学では独裁的な権限を掌握した執行部が評議員や学部長、さらに教授の人事までも左右し、教授会など専門家同士の合議（ピア・レビュー）による人事という慣行を脅かす事態さえ生じてきました。教職員は管理体制の強化による恐怖政治の下で、こうした呼びかけに名を連ねることもためらわざるをえない環境におかれています。学生たちも高い授業料を払わされているにもかかわらずステークホルダー（利害関係者）としては最下位に置かれ、自分の頭で考えた意見を大学運営に反映させる機会を奪われています。政財界の有力者を選考会議の「学外委員」として招き入れる一方、学内の構成員の意見を黙殺する体制は、すでに十分なまでに大学を壊してきました。

政府のなすべきことは、選考会議や監事の権限を強化することではありません。むしろ大学という組織の特性を無視した「ガバナンス改革」の流れを根底から見直し、教職員、学生の意見を幅広く吸い上げ、大学運営に生かせるような制度改正を行うことです。わたしたちは、選考会議の権限を強化する閣議決定に反対し、廃案を求めます。同時に、大学の構成員による「意向投票」の結果に基づいて学長を選出する仕組みを作り直し、構成員の過半数の請求により学長および選考会議の委員を解任できる制度を整えることを求めます。

全国の大学教職員、これまで大学で学んだ、いま大学で学び、これから大学で学ぶすべての人びと、大学で学びたいと思いながらその機会を持てなかったすべての人びとに訴えます。これ以上、大学を壊さないでほしいという声にご賛同ください。

呼びかけ人（五〇音順、二〇二一年三月一一日現在）

阿部公彦（東京大学）／江頭理江（福岡教育大学）／越智博美（専修大学）／大河内泰樹（京都大学）／河かおる（滋賀県立大学）／鬼界彰夫（筑波大学〔名誉教授〕）／喜多加実代（福岡教育大学）／河野真太郎（専修大学）／小林博也（旭川医科大学）／駒込武（京都大学）／佐藤学（学習院大学〔特任教授〕）／鈴木泉（東京大学）／竹田扇（山梨大学）／田中純（東京大学）／鶴成久章（福岡教育大学）／二宮孝富（大分大学〔名誉教授〕）／光本滋（北海道大学）／山田寿彦（元毎日新聞記者）

呼びかけ団体（五〇音順、二〇二一年三月一一日現在）

大分大学のガバナンスを考える市民の会／自由と平和のための京大有志の会／筑波大学の学長選考を考える会

第3章　民主主義の解体／大学の解体

――国際卓越研究大学法を貫く統治理性

「稼げる大学」であれ！

二〇二二年五月一八日、「国際卓越研究大学の研究及び研究成果の活用のための体制の強化に関する法律案」（以下、卓越大学法）が国会で成立した。文部科学大臣が「国際卓越研究大学」として認定した数校の大学に対して、毎年「数百億円」とも見込まれる大学ファンドの運用益を助成する仕組みを定めたものである。

この法律の制定を主導したのは、高等教育を所管する文部科学省ではなく、内閣府総合科学技術・イノベーション会議（ＣＳＴＩ）であった。ＣＳＴＩは内閣府総合科学技術会議を二〇一四年に機能強化した組織で、議長は首相、議員は閣僚が六名、首相指名の民間有識者が六名、このほかに「関係機関の長」一名という枠で日本学術会議の会長が入っている。卓越大学法の立案過程では、ＣＳＴＩの「世界と伍する研究大学専門調査会」（以下、専門調査会）が法案の大枠を定め、文科省の「世界と伍する研究大学の実現に向けた制度改正等のための検討会議」（以下、検討会議）での論点整理を経て、二〇二二年二月一日にＣＳＴＩが「最終まとめ」を採択した。

ＣＳＴＩの専門調査会と文科省の検討会議における有識者委員の顔ぶれは、かなりの程度重なっている。文科省検討会議の有識者委員は全部で九名、そのうちの四名がＣＳＴＩの専門調査会委員でもある。すなわち、ＣＳＴＩの常勤議員である上山隆大氏をはじめとして、橋本和仁氏（国立研究開発法人物質・材料研究機構理事長、ＣＳＴＩ議員）、篠原弘道氏（日本電信電話株式会社取締役会長、ＣＳＴＩ議員）、金丸恭文氏（フューチャー株式会社代表取締役会長兼社長、ＣＳＴＩ議員）がＣＳＴＩ専門調査会の委員と、文科省の検討会議の委員を兼ねている。ＣＳＴＩの占める位置の大きさは、文科省の主導した従来の大学政策とは次元を異にするフェーズに入っていることを物語る。

ＣＳＴＩの専門調査会における審議の過程で登場するのが、「稼げる大学」という言葉である。たとえば「今回のファンドをきっかけにして、有効活用して稼げる大学に変革しなければなりません」（第三回専門調査会）というように、新しい大学像として用いられる。新聞でも、『「稼げる大学」へ外部の知恵導入　意思決定機関設置」（『時事通信』二〇二一年八月二六日付）

と大きく報じられた。

この場合の「稼ぐ」とは、特許など知的財産で稼ぐとともに、そのライセンス管理を通じて企業による製品化に貢献し、さらに企業からの投資を呼び込むという循環を示唆している。この発言をした金丸恭文氏はＩＴコンサルティングを主たる事業とする会社の創業者、「ベンチャーの旗手」として知られる。こうした人選も、経営や投資にかかわる経験を重視する姿勢を物語る。

もとより、特許などの知的財産権が「稼ぎ」につながる可能性もあるものの、それは自然科学系のなかでも限られた分野であるうえに、特許につながるような発明を計画的に生み出せるわけではない。研究という営みは定型的な業務とは異なり、これまで明らかにされてこなかったことを解明することなので、どうしてもある種の「偶然性」に左右されざるをえないところがあるのだ。

人文・社会科学系の学問の場合、ほとんどの領域が「稼ぎ」にはつながらない。だが、小学校から高校までの教科教育や入学試験に確かな知識の土台を提供するために必要とされている。さらに、たとえばウクライナ戦争が生じた際にウクライナにかかわる知識と理解が切実に必要とされたように、特定の地域の研究に思いがけない重要性が付与されることもある。それぞれの地域の言語を習得して土地勘を身につけた研究者を養成するのに少なくとも一〇年はかかる以上、もしも現状で重要性が小さく見えるからということで特定の地域の研究を廃絶してしまったら、取り返しのつかないことになりかねない。

学術が社会の「役に立つ」ことは大切だとして、何がどのように「役に立つ」かは予測のつかないところがあるのだ。それにもかかわらず、「稼げる大学」たれという要求に即して大学の再編が行なわれようとしているわけである。

新自由主義に呑み込まれる世界

これまでにも世界トップレベル研究拠点プログラム（二〇〇七年度〜）やスーパーグローバル大学創成支援事業（二〇一四年度〜）のような大学単位の助成事業は存在した。しかし、これらと卓越大学法に定める事業は根本から異なる。

大きな違いは、これまでの助成事業を中心的に担ってきた日本学術振興会が、卓越大学法では認定のスキームから除外されていることである。日本学術振興会は、専門家集団内部での相互評価（ピアレビュー）の原理を尊重するために、多くの学術研究団体の協力を得て一三万人を超える審査員データベースを構築してきた。こうした学術的な評価よりも、ＣＳＴＩ議長たる首相の政治的判断を優先する仕組みがこの法律の眼目である。

ここには「革命的」ともいえる重大な価値観の転換が潜んでいる。投資すべき事業体であるか否かという観点から政治主導で大学を評価する姿勢への転換である。民主主義の担い手たる市民を社会に送り出すという政治的価値や、人類の知的財産を増大させる文化的価値よりも、「稼げる」という経済的価値が優先されている。その根底には、そもそも自分で稼ぐことができない大学に公費（税金）を投入する必要があるのか、という猜疑心に満ちた視線がある。「天は自ら助くる者を助く」という格言の示すごとく、「稼げる大学」たらんとして年三％程度の事業規模の成長を実現した大学に対しては「天」としての国が公費（税金）により援助するが、そうでない大学は地獄の業火に灼かれて滅びてもしかたない……。以下に見ていくとおり、法律の制定を主導した人びとの間にはそのような信念が脈打っているように思われる。

公共財への公費支出を惜しむ傾向は日本に限られたことではない。むしろアメリカの状況を後追いしていると見るべきだろう。カリフォルニア州立大学で政治哲学を講ずるウェンディ・ブラウンは、「大学、図書館、公園、自然保護区、市のサービス、小学校、道路や歩道でさえも、なぜ公衆に利用可能で公的に提供されているのか、またそうでなくてはならないのか、説明するのが日ごとに困難になっている」とため息まじりに記している。[*1] 大学や図書館や公園を維持するために、なぜ公費を支出する必要があるのか……。これを利用する「消費者」が必要な経費を負担すればよいではないか……。ブラウンは、今日の世界で新自由主義とは人間のあらゆる活動を経済的基準で測定しようとする理性の働きであるとして、この新たな理性を代弁する統治者が、民主主義の大前提、すなわち公共財をできるかぎり多くの人に開かれた形で維持すべきという前提を掘り崩してきたと論じている。

大学の外側に目を転じるならば、公共財の解体は日本でもとめどなく進行している。独立行政法人化されて「稼げる病院」へと変身した病院は一般病室を縮小して一泊六万円の個室をＶＩＰ向けに提供し、民営化された保育園は「稼げない」とみなされたら廃園とされる。大阪城公園では有料の遊び場が設けられる一方、無料の滑り台は故障したまま放置され、管理費を削減するために樹木が大量に伐採される。高等学校の国語科では小説に代わって賃貸契約書の読み方が教えられ、家庭科では金融教育が始められる。まさに「知識、思考、訓練はほぼもっぱら、資本の増大に貢献するためだけに評価され、欲望される」のだ。[*2]

経済的観点からモノや知識の価値を値踏みして「ムダ」を排除しようとする姿勢は、ごく少数の人間に富と権力を集積する動きと表裏一体である。欧米の大学を襲い、日本社会を席巻した新自由主義が、日本の大学をも本格的に呑み込もうとしている。社会全般における民主主義の解体が上からの大学解体の促進要因ともなっている以上、新自由主義の暴風雨のなかで大学だけを無風地帯に置くことは無理である。だとすれば、民主主義の再建なくして、大学の再建もありえないということになる。だが、「稼げる大学」法案の審議経過は、民主主義の解体がほとんど取り返しのつかないレベルにまで進行していることを物語る。

矛盾に満ちた法律——自律のための他律？

法案は、二〇二二年四月二二日と二七日に衆議院での委員会質疑（五時間半）、五月一七日に参議院での委員会質疑（三時間半）を経て自由民主党、公明党、日本維新の会、国民民主党の賛成多数で可決された。筆者も呼びかけ人の一人として参加した「稼げる大学法案の廃案を求める大学横断ネットワーク」のオンライン署名（本書八二頁、資料2参照）の賛同者は一万八〇〇〇名近くに達し、立憲民主党、れいわ新選組、日本共産党、社会民主党は法案に反対した。それでも、与党が圧倒的多数の議席を占める状況で多勢に無勢だったことは否めない。七月の参院選を控えて法案審議を早く片づけたい思惑もあってだろう、与党は参考人意見陳述の機会すら認めなかった。たった九時間の委員会審議で大学評価のあり方を根本から変える法案が国会を通過した事実は、歴史に刻まれるべきである。

委員会審議で文科省の担当者ら政府参考人は、おおよそ次のようなロジックで法案の意義を説明していた。

大学ファンドによる支援は「稼げる大学」となるためのブースター、起爆剤であり、研究成果の付加価値を高めることに重点を置いている。その結果として、研究成果の収益化が進むならば、大学は、運営費交付金等の基盤的経費とは別に、基礎研究や人文・社会科学研究を支えることのできる資金を手に入れることになる。したがって短期的には「稼げる大学」の促進となるものの、そのことを通じてアメリカや欧米のトップ大学のように自律的経営も可能となり、大学の公共性を維持することができる、と。

ここでは、将来的な自律のためにこそ過渡的に他律を受け入れるべきだという「教育的」な観点が強調されている。大学の「研究力」向上のために財務省を説得して大学ファンドの予算を調達してやったのだという「善意」さえも滲ませている。新自由主義的な統治理性の過酷さとは対照的にさえ映る。

だが、このロジックは実は危うさをはらんでいる。明示的に語られているだけでも、三つの目標を同時に追求しているからである。

第一の目標は、全体として日本の大学の「研究力」「国際競争力」を高めることである。具体的には、論文数やその被引用数などが指標とされる。第二の目標は、特定の大学の特定の「稼げる研究」を重点的に支援することである。第三の目標は、大学ファンドの運用益を媒介としながら各大学に独自基金の構築を促して「自律的な経営」を実現させることである。

これらの目標は相互にからみ合い、支え合っている。「研究力」向上は大学に対する支出の増大を必要とする。その増大する支出を補うことを期待されているのが、「稼げる研究」と大学ファンドである。「稼げる研究」の収入が大学ファンドの運用益、さらに将来的に構築されるべき大学の独自基金の一部に組み入れられることで増殖し、「稼げない」研究を支えるという「正の連鎖」が想定されている。

「絵に描いた餅」は食べられない

だが、実際にそのような「正の連鎖」が可能なのか。具体的に検討してみよう。研究力を向上させるという第一の目標からすれば、基盤的経費を充実して常勤研究者数を増やすことこそが必要である。何が論文数増加に寄与するか、国立大学協会の委託で行なわれた調査によれば、常勤研究者の数の寄与度が一・一、基盤的資金が〇・七六であるのに対し、競争的資金（科学研究費や民間の受託研究等）の寄与度は〇・一九にとどまる（『日刊工業新聞』二〇一五年四月二日付）。このことは、安定して研究できる環境においてこそ論文の生産性も上がること、逆に競争的資金では、最大五年というような限られた年限のなかで研究成果を出すことが求められるためにブレイクスルーとなる研究が出にくいことを示唆している。文科省の調査報告でもこれを裏づける調査結果が出ている。[*3]

大学ファンドの運用益は、基盤的経費のように確実に予測できるものではない。持続的で安定的な収入を保障できない以上、常勤研究者を増やすことはできない。これでは研究力を向上させることも困難である。

第二の「稼げる研究」を育てるという目標も、大学単位で支援するという卓越大学法の建てつけと整合しない。大学というのは多様な小売店の集まるショッピングモールのようなところがある。多くの専門分野が含まれるが、特定の各分野に従事する研究者は決して多くはない。特定の分野の研究者のネットワークは大学を越えて、全国、さらには世界に広がる。共同研究が大学のなかだけで完結することは稀である。むしろ所属大学にかかわらず協働できる研究者の質・量が、個々の研究者の力量を表す指標ともなる。

現に、日本学術振興会による科学研究費補助金では、学問分野の多様性を保障する「基盤的研究」という枠とは別に「特別推進研究」という枠を設けて巨額の資金（最大五億円）を助成している。仮に「稼げる研究」に集中的な投資が必要という前提を共有するにしても、「特別推進研究」のような枠を拡大すればよいはずである。なぜ大学単位で支援対象を選定するのか。不自然で非合理的というほかない。

第三に、経営の自律を図ることが目標なのだとすれば、むしろ使途を限定しない基盤的経費こそ増額する必要がある。大学が独自基金を築こうとする場合にも、その運用はそれぞれの大学に任せればよい。それぞれの大学に投資を任せるのが危険だというならば、なぜ大学ファンドは危険ではないのか。

大学ファンドは「安全かつ効率的に」（国立研究開発法人科学技術振興機構法）運用しなければならないと定められている。だが、現下のような低金利の投資環境では安全資産のリターンはほぼゼロ％であり、安全性と効率性は両立しない。[*4] しかも、大学ファンドの元手の九割は財投債（国債の一種）により民間から集められる借金であり、借金を元手としてリスクの高い資産運用が行なわれることになる。二〇年後に返済を始めて、四〇年後に償還を迎えることになっているが、財投債の利払いを含む諸経費を支払い、卓越大学に運用益の配分を続けながら、元本を償還することが本当に可能なのか。「二〇年後から四〇年後にかけて第三者からの資金によって償還原資が生まれるスキームは想定することすら不可能」と証券投資の専門家から指摘されている。[*5]

「稼げる研究」を振興し、大学の「研究力」を総体として向上させ、大学の財政的自律を手助けするという見通しはまさに「絵に描いた餅」であり、最低限の経済的合理性すら欠いている。国会質疑で政府参考人は、リスクにかかわる具体的考量と、その場合の対処法について頑として語ろうとしなかった。この事実は、逆説的にリスクの大きさを示唆している。しかも、このリスクは大学ファンドを運用する科学技術振興機構ばかりではなく、卓越大学に認定された大学も負わなくてはならない。

文部科学省「国際卓越研究大学の研究及び研究成果の活用のための体制の強化の推進に関する基本的な方針」（二〇二二年一一月）によれば、大学への助成額は「外部資金獲得額に係数を乗じた金額」とされるので、外部資金獲得競争から自由になれるわけではない。むしろ助成額を増やすために、これまで以上に外部資金獲得への圧力が高められることになる。さらに大学ファンドの元本を安定化させるために、大学の自己財源から大学ファンドへの資金拠出（出えん）が求められる。元本が大きく毀損した場合、この出えんした資金が全額戻ってくるという保障はない。この問題について「基本的な方針」では「大学ファンドの運用元本の強化による制度の安定性の確保等の観点から、大学から国立研究開発法人科学技術振興機構への資金拠出（出えん）を契約により行なうことを可能とする」と書いている。*6 だが、報道によれば「卓越大に認定された場合、必ずファンドへ拠出するよう文科省から求められている」と複数の大学関係者が証言している。*7

任意のはずの資金拠出が実際には義務として求められているわけである。認定された大学は、大学ファンドから一方的に恩恵を受けるのではなく、投資にかかわるリスクをめぐって科学技術振興機構といわば「運命共同体」的関係を築くことを求められるのだ。

令和の「革新官僚」たち――「チーム甘利」の策動

新自由主義的な統治理性は、個人が抱く思想のようなものではない。為政者と庶民とを問わず、自覚的であるか否かを問わず、ほとんどそれと気づかぬうちに人びとを侵食するものである。ただし、自覚的にこの理性の働きを体現しようとするイデオローグがいないわけでもない。大学ファンドと卓越大学法をめぐっては、自民党の甘利明議員と、これに連なる「チーム甘利」の面々がそれにあたる。

二〇一九年に松本美奈氏が行なったインタビューで、甘利議員は一四年当時を振り返りながら、岸田文雄（現首相）、林芳正（現内閣官房長官）、茂木敏充（現自民党幹事長）の各氏もみな「チーム甘利」だとして、学者では橋本和仁氏が「カウンターパートナー」であると語っている。ＣＳＴＩ唯一の常勤議員である上村隆大氏も、橋本氏の推薦で甘利氏が登用した人物である。*8

このインタビューで新自由主義の傲慢さと酷薄さが如実に表れるのは、基盤的経費の充実という選択肢を切り捨てる発言においてである。「日本の国立大学は、スズメの子から卒業できていない。口を開けて親が餌を運んでくるのを待って、少ないと『親の働きが悪い』とピーピー騒いでいるだけなんだ」。実際には「餌」を運ぶのは閣僚でもなければ、自民党の議員でもない。労働の成果を税金として納める納税者である。閣僚に委ねられているのは、公共的施設の整備・充実のために労働の成果を適切に再分配することである。ところが、ここでは自分たちの集めた「餌」を分配してやるという傲慢さが露骨に表明されている。

衆議院の委員会質疑では日本共産党の宮本岳志議員が「チーム甘利」に着目して、甘利議員に連なるごく少数の人物が「学術の中心であるべき大学を私物化」しようとしているのではないかと末松信介文科大臣（当時）に詰め寄った。末松大臣は全く承知していなかったとして、後日の調査を約束した（衆議院文部科学委員会、二〇二二年四月二七日）。

二〇二二年六月三日の委員会では、文科省の調査結果をふまえて宮本議員が再度の質問に立った。文科省が資料として提出した「自民党知的財産戦略調査会提言」（二〇一八年）はむしろ「チーム甘利」の専断を傍証するものだと指摘したうえで、内閣府大学支援フォーラム（ＰＥＡＫＳ）における上山隆大氏の発言に注意を促している。それは、「世界で最もイノベーションに適した国を目指して、大学という資源を使い尽くす。完全に隅々まで使いつぶして、日本に貢献するべきだ」というものだった。

宮本議員は、こうした発言を許容してよいのか、「チーム甘利」が文科省を押しのけて大学政策を決めてよいのかと問いただし、末松文科大臣から「全く好ましくない」という答弁を引き出している（衆議院文部科学委員会、二〇二二年六月三日）。

宮本議員の質疑が巧みにあぶり出しているように、「チーム甘利」と文科省の間には一定の緊張関係がはらまれている。良くも悪くも文科省が「保守的」であるのに対して、「チーム甘利」の面々は「革新的」である。その口吻は、一九三〇年代に「満洲国」を「高度国防国家」として樹立しようとした「革新官僚」を彷彿とさせる。あらゆる資源を効率的に配置し動員することへの欲望、あるいは使命感において際立っているのだ。この使命感に裏打ちされた「改革」を断行するためには、国会のような場での徹底した議論は時間の浪費であり、文科官僚や日本学術振興会の専門的知見も必要に応じて参照し利用すればよいものにすぎない。実質的な議論の場は、先のＰＥＡＫＳのような、官僚と大学役員層と財界人の交流の場だったりする。やはり宮本議員が、二〇二一年以降の全体会合についてＰＥＡＫＳが発言者を特定できる議事録を残していない点を追及すると、合田哲雄政府参考人は「国の機関」ではなく「任意団体」なので議事録については関知していないと答弁した。宮本議員の指摘したとおり、この答弁は「国の機関でもないところで国の政策を決めている」ことの異常さを際立たせるものであった（衆議院文部科学委員会、二〇二二年六月三日）。

このように議会をないがしろにしながら、少数者が非公式の場で重要な意思決定を行なう仕組みもまた、「満洲国」を想起させる。ただし、今日の日本ではすでに瀕死の様相を呈しつつも、戦後改革のなかで築かれた民主的な制度や価値観がかろうじて生きながらえている。日本国憲法に定める「学問の自由」、その制度的保障としての「大学の自治」もその一部である。国政レベルで少数者による専断がまかり通る状況がつくられたとしても、大学関係者が「大学の自治」を盾としてそれに従わなければ、令和という時代の「革新官僚」たちの目論見も空回りに終わらざるをえない。「大学という資源を使い尽くす」ためには「大学ガバナンス改革」が必要不可欠なのである。

なぜ「自治」が狙われるのか――透明な支配への欲望

「チーム甘利」の観点から見るならば、「学問の自由」「大学の自治」は新自由主義的な統治理性の貫徹を妨げる障害物でしかない。この障害物を取り除くため、学長を介して間接統治をする仕組みがつくられてきた。

実際、二〇一四年の東大総長選考に甘利議員が干渉した事実が明らかになっている。松本美奈氏のインタビューによれば、東大総長選に先立って、橋本和仁氏が総長候補者たる五神真氏と甘利議員を引き合わせ、「この人を東大総長にしたいと思っている」と語った。甘利議員が「五神さんに、『あなたが総長になったら、私についてきてくれますか』と聞くと、『その節には一緒にやります』と言ってくれた」というくだりがある。このインタビューを掲載した『文部科学教育通信』（紙媒体）の記事はもとよりそのままだが、ウェブ上の記事ではこのくだりだけが削除されている。[*9] 削除の正確な日付は不明であるが、二一年一一月時点では削除されていなかったのに、二二年五月時点では削除されていた。

二〇二二年四月に橋本氏は大学ファンドを所管する科学技術振興機構の理事長に就任、橋本氏が甘利氏に引き合わせた五神真氏は東大総長を退任後、やはり二二年四月に国立研究開発法人理化学研究所の理事長に就任した。「チーム甘利」の面々が学術行政にかかわる要職を固め直したわけである。削除の理由について甘利議員も、インタビュアーである松本美奈氏も説明を付していないが、一四年当時経済再生担当大臣でもあった人物が東大総長選に干渉した事実を隠蔽すべきという判断が働いたと考えられる。

同じインタビューで甘利議員は「国立大が身動きができないのは、学長に採用権も予算権も事実上ないからだ」として、学長に人事権や予算権も握らせたうえで、「外部の人間」が学長を選考できるようにすべきだと論じている。

卓越大学法は確実にそうした方向をめざしている。卓越大学法の附則ではさしあたり「経営管理体制に係る改革」を早急に実施せよと記すにとどめたが、CSTIの「最終まとめ」では、次のような経営管理体制の「改革」の方向性を示した。最高意思決定機関としての合議体を新たに設置し、学長の選考・監督・解任にかかわる権限をもたせる。さらに、中長期の経営戦略を策定する権限も付与する。合議体構成員の「過半数または半数以上」は学外者から構成し、文科大臣が任命する。

なぜ学外者中心でなくてはいけないのか。文科省の検討会議（第五回、二〇二一年一二月二四日）における議論のなかで、CSTIの常勤議員でもある上山隆大氏は、次のように語っている。[*10]

〔合議体において学外者が〕もし過半数という形じゃなくて同数になった場合、あるいは学内者の意向がそこに反映する場合、この合議体の中における総長選考に、またあらためて別の形で学内ポリティクスが持ち込まれる可能性があるということを懸念します。その意味では、学外の人たちのニュートラルな目がそこに入っていくという方向性を模索すべきではないかということが私の意見です。

部局の利害を中心とした「学内ポリティクス」を排除するために学外者を入れることが必要

だというわけである。そのような「学内ポリティクス」が存在するという前提を仮に共有するとして、では学外者は「ニュートラル」なのだろうか。そんな保障はどこにもない。むしろ、根拠もなく学外者を「ニュートラル」とみなす上山氏の発言それ自体、ＣＳＴＩ常勤議員という権力的な立場から行使する「ポリティクス」にほかならない。

同じ会議で橋本和仁氏も、あくまで学外者を過半数とすべきという立場から、「合議体における学外委員の割合は大学に任せるんですけれども、募集要項の中に、現状における政府の考え方を明確に書くことによって、誘導するというか、皆さんに理解してもらうことがたいへん重要だと思います」と語っている。[*11] 法律には書けないことを「誘導する」べきだと露骨に表明しているわけである。学生とその保護者たちこそ重要なステークホルダー（利害関係者）であるにもかかわらず、こうした審議の過程でその意向を反映する仕組みは考えていない。学外者に期待されているのは、むしろ学生・教職員という研究・教育の現場にある者の怨嗟の声を振り切りながら、新自由主義的な統治理性に従って大学をつくりかえることである。

合議体の構成ばかりではなく、権限にも留意する必要がある。法案の立案過程で上山氏は、合議体が教学にかかわる「マイクロマネジメント」にかかわるべきではないという言い方を一応は認めながらも、「産業界を代表する方々のご意見の中で、例えば工学部的なところにもっとこういうようなカリキュラムがあってしかるべきとか、新しい部局をつくるべきじゃないかといった声がボード〔合議体〕から発せられるような場合、それはひとつの意見として反映されることも十分にある」と語っている。[*12] つまり、合議体が新しい部局の設置や廃止など組織再編を主導することもありうるということである。

人事についても強大な権限をもつ見込みである。衆議院の委員会では立憲民主党の白石洋一議員が「〔合議体の権限には〕人事だとか、研究教育の中身、シラバスとか、こういったものは含まれるんでしょうか」と質問したのに対し、池田貴城政府参考人は教育内容への介入を否定しながらも「個々の学部の人事などに関しましては、これは全体をみて判断することになると思います」と回答を留保した（衆議院文部科学委員会、二〇二三年四月二七日）。これは個別人事への介入もありうることを示唆したものと読むべきであろう。

甘利議員は先のインタビューで、大学の資産を「マネタイズ」「ビジネス化」して活用するために学長に人事権や予算権を握らせるべきだとも述べていた。教員出身の学長はたとえ独裁的であったとしても、学内からの強い批判にさらされたときにひるむ可能性がある。そこで、学長の首さえすげ替えることのできる合議体を通じて、透明な支配を実現しようとしているわけである。本書第Ⅰ部第5章で後述するように、この合議体の構想は二〇二三年一〇月になって、特定の国立大学法人に運営方針会議の設置を義務づけるという形で具体化されることになる。

こうした「ガバナンス改革」は、さしあたりは卓越大学として認定される少数の大学でプロトタイプ的に実現されるにとどまるが、「選択と集中」の原理に従ってその大学だけに莫大な予算を注ぎ込むならば、ほかの大学も追随することであろう。かくして「学問の自由」「大学の自治」といった（「チーム甘利」にとっての）障害物が跡形もなく消え去った近未来が展望されているのだ。

「改革」のツケを回される学生たち

それにしても、学外者を中心とした合議体が「年三％の事業規模成長」という政府の定めた目標を達成するためにリスクのある事業に乗り出し、大きな損失を出してしまった場合、誰がどのように責任をとるのだろうか。

この重要な問題についてほとんど議論されることはなかった。ただし文科省の検討会議において、会社法において取締役がその任務（善管注意義務や忠実義務）を怠ったときには個人として損害賠償責任を負うとされる事態を参照しながら、合議体構成員はこのような責任を負うのかという議論がなされたことはある。その際には「合議体の学外委員の責任を重くしすぎると、候補者が確保できない」という意見が出されて、それ以上の議論の深まりは見られなかった。*[13]

この無責任さも新自由主義の特徴である。責任主体が不在である以上、想定された「正の連鎖」が成り立たない場合、大学の「自己責任」とされることであろう。かくして「稼げない」

とみなされた学部や専攻や研究所が廃止されたり、労働条件が切り下げられたりすると考えざるをえない。さらに、さまざまな形で学生や院生にリスクのしわ寄せが転嫁される可能性が強い。

一つには授業料の値上げである。国立大学の授業料は「国立大学等の授業料その他の費用に関する省令」において標準額を約五三万円と定めており、「特別な事情」のある場合には二割（約一一万円）を上限として引き上げることが可能とされている。二〇二三年度時点で東京工業大学をはじめとして七国立大学がこの上限までの引き上げを実施し、さらに二四年度になって東京大学や広島大学などが同様の値上げを検討中と報じられた。

留意すべきは、卓越大学の策定過程において、授業料の上限を撤廃する方針が示されてきたことである。二〇二二年二月にCSTIが策定した「最終まとめ」では、卓越大学として認定された大学は授業料の上限の撤廃を認める可能性があることを「授業料設定の柔軟化」として表現している。[*14] CSTIがしばしば引き合いに出すハーバード大学の場合、たとえ奨学金制度が充実しているにせよ、その授業料は軽く五〇〇万円を超える。ハーバードと同程度の事業規模成長をめざすとしたら、授業料もそれに合わせて上げなくてはならないのではないか。立憲民主党の吉田はるみ議員が「少なくとも国立大学については授業料を上げないと言い切っていただきたい」と末松文科大臣（当時）に詰め寄ったが、「事業成長を拡大するために授業料を大きな財源とするとは考えていない」と述べるにとどまった（衆議院文部科学委員会、二〇二二年四月二七日)。

卓越大学に認定されたならば大学ファンドの運用益が投入されるので、授業料が安くなるのではないかという期待もなされている。だが、この構想にかかわる基本原理は大学への公費投入――「チーム甘利」から見れば「子スズメ」への餌の配分――を減らしながら、「稼げる研究」という産業界に役立つ果実を得ることである。そもそも学部段階の教育は付けたり程度にしか考えられていない。したがって、ことに学部段階では授業料値上げを図るモチベーションが強く働いていると見るべきだろう。

大学院生を含む学生へのしわ寄せとしてもう一つ大きな問題となるのは、研究成果の発表に制約を課すことである。

学生が歴史に残る大発見をしたとする。学生としてはその研究経過を早く公表して、世界に広がる学界・学会全体の知的資産とするとともに、研究者としてのキャリア形成のためにその研究を自己の研究業績に組み入れることを望むであろう。ところが、「稼げる」ことをめざすならば、少なくとも特許をとるまでは研究成果の公表を控えようということになる。

すでに各大学でそうした対応が進みつつある。たとえば、京都大学産官学連携本部のウェブサイトに載せられたＦＡＱでは「大学人は特許を取って権利を独占するよりも、権利化せずにどんどん発表して公知にした方が公共の利益になるのではないでしょうか？」という問いに対して、大学の発明を特許によって権利化してこそ企業による製品化・実用化を容易にして

「社会への貢献と公共の利益のバランスを図る」ことが可能になると回答している。[*15]「公知」とすることが「公共の利益」であることを正面から否定はしないものの、私企業への貢献を「社会への貢献」としてとらえることで「公共の利益」との「バランスを図る」ことを求めているわけである。驚くべき回答といわねばならない。

卓越大学法は、すでに各大学で進められている発明・発見の囲い込み、研究成果の公開性・公共性への制約に、法的なお墨つきを与えようとするものである。それこそが狙いなのだと理解すれば、なぜ研究者単位や研究者グループ単位ではなく大学単位で巨額の研究資金を交付しようとしているのかということも理解できる。知的財産の一種として特許のライセンスを管理する役割を担っているのは、一般的には学会ではなく大学だからである。

この問題は「経済安全保障」の問題ともつながっている。卓越大学法とほぼ同時に成立した経済安全保障法では、宇宙、サイバー、ＡＩなど軍事転用可能な機微技術にかかわる研究者に対して厳重な守秘義務を課すことになっている。たとえば、「国家及び国民の安全を損なう事態を生ずるおそれが大きい発明」が含まれうる特許出願について、内閣総理大臣が「保全審査」を行ない、「保全指定」すると出願を非公開扱いとし、発明の開示や外国への出願を禁止し、違反した者には懲役刑を科すことになっている。特許事務に詳しい野村康秀氏は、「国の安全にかかわる技術」に該当するかどうかを誰が審査するのかということに着目し、特許出願直後から国家安全保障局や防衛省が特許庁と連携して行なう審査が研究者の権利抑制や情報秘匿につながる恐れがあると指摘している。[*16]

令和の「革新官僚」は経済安全保障法と卓越大学法を組み合わせて令和版「高度国防国家」を樹立しようとしているのであろう。だが、大学ファンドという実験的な試みに失敗した場合の責任のとり方については黙して語らない。「満洲国」樹立の立役者である関東軍首脳や「革新官僚」が、ソ連参戦の報に接して満洲移民を放置していち早く逃げ出したというエピソードは、果たして過去のものなのだろうか。

「社会のニーズ」に応える大学のオルタナティブ

実はこれまでにも、国立大学に理事会のような合議体を設けて「社会のニーズ」に応えられるようにすべきだという問題は繰り返し論じられてきた。卓越大学にかかわる「合議体」の構想は、この古くて新しい問題を、きわめて矮小化された形で実現しようとするものといえる。なぜそれが矮小化された対応といえるのか、回り道をするようだが、国立大学が設置されたばかりの戦後初期に目を転じながら考えてみたい。今日の「大学ガバナンス改革」をめぐる問題を克服するためには、「教授会自治」を基幹とした法人化以前の国立大学への回帰をめざすことにとどまらず、「社会のニーズ」に応える大学のオルタナティブを構想し、共有していく必要があるからである。

戦後初期の一九四八年に、大学基準協会（国・公・私立大学四六校が発起校となって一九四七年に設立した民間専門団体）が大学行政研究委員会を発足し、歴史学者である上原専禄一橋大学学長（当時）が委員長となって「大学自治法」案を策定した。そのなかでは、大学に理事会を設けて、この理事会に「イ．教育方針の大綱の認許、ロ．予算案の認許、ハ．学長の選定の認定」を認めている。この理事会の権限は、卓越大学で「合議体」に与える権限と似ているところがある。[*17]

ただし、この場合の「学長の選定の認定」に際しては、大学の全教員・職員の意見が反映されるべきだという但し書きがつけられている。すなわち「学長の選任に当っては、大学の全職員の意見が反映されるが如き手続きによらなければならない」とされている。最終的な「認定」の権限は理事会にあるが、大学の全教職員の意見をきちんとすくい上げるべきとされているのであり、「学長の選定の認定」は形式的な任命と解釈してよい。

上原専禄は、この「大学自治法」にかかわって、次のような補足説明をしている。研究委員会として考えた選択肢は三つ、第一はアメリカの大学をモデルとしてボード（理事会）を置く方式。私立大学のようにボードを中心として大学を考える。第二は従来のように教授会を中心にして大学の運営を考えていく方式。第三は両者の折衷の方式。「現在の政治、経済、文化の具体的な状態において」アメリカの方式をそのまま採用することはできない。だが、教授会中心の方式も考え直さなければならない問題を含んでいる。「殊に大学と社会とが並行関係になって有機的な結合をもっていないという点が反省せられる」。そこで第三の折衷的な方式をとることが適当と考えた。

大学と社会が「並行関係」になってしまっているという上原の見解は、今日でも重要な意味をもっている。だが、当時においては、この大学基準協会がつくった法案は、従来の教授会中心の方式を維持すべきと考える人びとから大学の自治を破壊するものだという批判を浴びて、このままペンディングとなる。

このように大学基準協会による「大学自治法」が頓挫した状況のなかで文部省が提出したのが「大学法試案要綱」である。文部省の「大学法試案要綱」は、「大学自治法」における理事会よりも、もっと強大な権限を管理委員会（Governing Board）に与えるものだった。その管理委員会は文部大臣の任命三名、府県知事の任命三名、同窓会代表三名、教授会代表三名、学長一名、計一三名というように構成する。そして「当該大学長を選挙し、定款に依り権限及び責任を学長に委任し、正当な理由ある場合には、何時でも学長を解任する権限」を与える、とされた。学長の役割は管理委員会の定めた方針の運営であり、教授会の権限は管理委員会に「推薦」する権限をもつにとどまる。*18

この法案は結局、広範な反対運動のために国会に上程されなかった。その過程で、さまざまな対案が出された。その一つが、全日本学生自治会総連合、全学連の案である。この全学連の案では、全国に中央大学委員会を設けて、選挙で選出された人がこの委員となる。各大学には大学自治評議会を設けて、教職員代表、学生代表を選挙で選出、同数で構成する。教職員代表は、教授会議、各研究室等会議、各職員会議（「事務職員、守衛、小使、看護婦等」）から構成する。学生代表は、各学部学生、大学院学生等から直接選挙により選出する。そのうえで、この大学自治評議会は次のような権限をもつとされている。「当該大学の総長（又は学長）、学部長、教授、助教授、講師の推薦又は解任を決議し、中央大学委員会に申告する」「学部に於ける学科の設置、廃止を決定する」「予算案を作成し、中央大学委員会に申請する」*19。

職員の代表に「守衛」「小使い」「看護婦」などを含むと書いている点は、戦後改革期の平等への志向、従来のヒエラルキーへの疑問をよく表している。その点を含めて、大学自治評議会に大きな権限を与える案は、学生を含む全構成員による大学自治のあり方を具体化したものとして重要である。選挙による中央大学委員の選出も、市民社会による統制の仕組みとして興味深い。

ただし、この案もそのままでいいかというと微妙でもある。たとえば、教員の人事にかかわる専門的な評価の重要性が軽視されている。ここでは対等な、平等な参加という原理は強調される一方、専門性を尊重する原理、これに基づいたピア・レビューの原理の重要性が見えにくくなっているという問題がある。学術のみならずスポーツや料理など熟練を必要とする分野に等しく当てはまることだが、正確な判定や評価を行なうには、それぞれの分野に固有の訓練や知見の蓄積、すなわち専門性が必要とされるのだ。学術の場合には、学会のような自主的アソシエーションを通じてこの専門性の内実が常に吟味され更新されていく仕組みとなっている。実際には権威主義的な体質などにより正確な評価が行なわれないことはありうるとしても、それは専門性原理の徹底をむしろ要請する。この専門性原理を市民社会による統制の原理と並立させることこそが重要である。

寺﨑昌男氏は、「大学法試案要綱」やこれに対する対案には「大学は地域の中にあり、その意見を組み込んで運営されるべきだ」という大学本質観が組み込まれていたとしたうえで、次のように論じている。[*20]

右の本質観の背後には、「大学は社会のニーズに応えるという責務をもつ」という「大学の社会的責任の自覚」というべき責務の感覚があった。それは研究の自由と大学の自治という両義をもつ「アカデミック・フリーダム」に対して時には緊張的な関係に立つ責務感であったが、重視するに値する現代大学の理念であった。しかしこの時期、まだエリート的な位置にあった日本の大学関係者にとっては、地域の教育要求は地域そのものの「民度」の低さという観点からだけ理解されて、大学の自治の敵対物とみなされるのが常であった。

ここでは緊張関係にある二つの原理の関係が問題とされている。一方には、社会的なニーズに応えるという原理、社会に向けて開くという原理がある。他方には、ピア・レビューに基づいた専門性の尊重などアカデミック・フリーダムにかかわる原理がある。寺﨑氏は、この二つの原理は時には「緊張的な関係」に立つこともあるが、必ずしも矛盾するものではないと説いている。むしろ、その緊張関係を自覚しながら、その緊張関係の間で微妙な均衡点を見出すことで、社会に開かれつつ、しかもアカデミック・フリーダムを尊重した大学をつくっていくことが必要だと述べているわけである。

大学の公共性を立て直すためには、ピア・レビューの原理と市民参加・学生参加の原理を組み合わせた大学のあり方を提示していく必要がある。卓越大学における「合議体」の構想にはこのどちらの原理も欠落している。それがめざしているのは、民主主義の解体をさらに推し進めながら、ごく少数の人間に富と権力を集積するために知を囲い込むことにほかならないからである。

註

＊1　ウェンディ・ブラウン／中井亜佐子訳『いかにして民主主義は失われていくのか――新自由主義の見えざる攻撃』みすず書房、二〇一七年、二〇一～二〇二頁。

＊2　同前書、二〇三頁。

＊3　神田由美子・伊神正貫「文科省調査資料　第二九七　研究専従換算係数を考慮した日本の大学の研究開発費及び研究者数の詳細分析」二〇二〇年九月一六日。https://nistep.repo.nii.ac.jp/records/6704（二〇二四年七月一七日確認。）

＊4　明田雅昭「始動する一〇兆円大学ファンド」『証券レビュー』二〇二二年八月。

＊5　原田喜美枝「大学ファンドの異質性」『証券レビュー』二〇二二年二月。

＊6　文部科学省「国際卓越研究大学の研究及び研究成果の活用のための体制の強化の推進に関する基本的な方針」二〇二二年一一月。https://www.mext.go.jp/content/20221115-mxt_gakkikan_000022793_1.pdf（二〇二四年七月一七日確認。）

＊7　大竹麗子「大学関係者が憤る卓越大認定の『密約』の存在」『東洋経済 ONLINE』二〇二四年六月二七日。

＊8　松本美奈「異見交論　第一回」『文部科学教育通信』第四七一号、二〇一九年。

＊9　松本美奈「異見交論　第一回」。https://www.kyoikushinsha.co.jp/rensai/ikenkoron/001/index.html（二〇二四年七月一七日確認。）

＊10　「世界と伍する研究大学の実現に向けた制度改正等のための検討会議（第五回）議事録」二〇二一年一二月一四日。https://www.mext.go.jp/b_menu/shingi/chousa/shinkou/065/siryo/000017833_00015.html（二〇二四年七月一七日確認。）

＊11　同前。

＊12　「世界と伍する研究大学の実現に向けた制度改正等のための検討会議（第四回）議事録」二〇二一年一一月二五日。https://www.mext.go.jp/b_menu/shingi/chousa/shinkou/065/

siryo/000017833_00008.html（二〇二四年七月一七日確認。）

＊13 前掲「世界と伍する研究大学の実現に向けた制度改正等のための検討会議（第五回）議事録」。

＊14 総合科学技術・イノベーション会議「世界と伍する研究大学の在り方について 最終まとめ」二〇二二年二月一日。https://www8.cao.go.jp/cstp/tyousakai/sekai/kenkyudai_arikata_p.pdf(二〇二四年七月一七日確認。)

＊15 京都大学産官学連携本部ウェブサイト「Q1 大学における発明」。https://www.saci.kyoto-u.ac.jp/ip-public/faq/1-2/（二〇二四年七月一七日確認。）

＊16 野村康秀「秘密特許制度導入の動きと科学者・技術者のあり方」『日本の科学者』二〇二一年、五六巻五号。

＊17 大学基準協会年史編さん室『大学基準協会55年史 通史篇』二〇〇五年、一三八～一三九頁。本資料について、海後宗臣・寺﨑昌男『戦後日本の教育改革9 大学教育』東京大学出版会、一九六九年、五九二頁を参照。

＊18 国立教育政策研究所所蔵「戦後教育資料」VI-421。前掲海後・寺﨑『大学教育』五九三～五九七頁参照。

＊19 読売新聞社教育部編『「大学法」論争と学生運動』一九四九年。前掲海後・寺﨑『大学教育』六〇一～六〇三頁参照。

＊20 寺﨑昌男『日本近代大学史』東京大学出版会、二〇二〇年、三六二頁。

資料2　学問の自由を壊す「稼げる大学」法案（国際卓越研究大学法案）に反対します！

（稼げる大学法案の廃案を求める大学横断ネットワーク、二〇二二年四月一二日）

現在、国会では、研究力低下が懸念されている日本の大学を建て直す、という名目で、国際卓越研究大学法案の審議が進んでいます。政府が一〇兆円規模の資金（大学ファンド）を運用し、その運用益で国際卓越研究大学に選ばれた大学に対し、一校あたり年間数百億円の助成をするという内容です。

これだけ聞けば、大学への助成金が増え、研究力を高める支援となる素晴らしい制度に思えるかもしれません。また、選ばれる数校にだけ関係のある話で、その他多くの大学の教職員や学生、一般市民には関係ないと思うかもしれません。

しかしこの法案は、ごく一部の大学や研究分野のみを政治主導で優遇する結果、日本の研究力全体をかえって衰退させ、学問への政治の介入を加速し、憲法二三条の学問の自由を破壊する、とても危険なものです。私たちは大学を横断して連帯し、この法案に反対するネットワークとして、オンライン署名を立ち上げました。

問題1：「稼げる」を大学や研究の評価基準とし、究極の「選択と集中」を行うことで、その被

害は最終的に市民に向かう

この法案は、内閣府総合科学技術・イノベーション会議（CSTI）が打ち出してきた「稼げる大学」というコンセプトを具体化したものです。認定された大学は年三％程度の事業規模の成長を求められます。そのために授業料や、大学所有資産の貸し付けにかかわる規制が緩和されます。つまり授業料が上がり、国際人権規約が求める高等教育無償化に逆行する事態が起きかねません。

政治主導で「稼げる」かどうかが大学を評価するモノサシとなり、大規模な産学官連携が推奨されれば、国の政策方針や企業の利益に沿わない学問分野は淘汰されていくことでしょう。例えば企業が引き起こす公害問題、国家が引き起こす人権侵害問題にかかわるような研究が萎縮してしまえば、その被害は全ての市民が被ることになります。

問題2：学問への政治介入により、憲法二三条の学問の自由を破壊する

この法案では、基本方針の策定や国際卓越研究大学の認定に際して、内閣総理大臣を議長とするCSTIの意見聴取を文部科学大臣に義務付けています。CSTIの構成員一四名中六名は閣僚、七名は内閣総理大臣の指定した有識者です。大学への助成を審議する場において、ここまで大多数のメンバーが政府関係者で占められたことは、これまでありませんでした。

二〇二〇年一〇月、菅政権による日本学術会議会員任命拒否は大きく問題視されましたが、この法案には、学問への政治介入が最初から組み込まれています。つまり、ときの政権が、憲法二三条（学問の自由）が保障している専門研究者によるピア・レビューの原則を無視して、大学や学術のあり方に踏み込むことを制度化しているのです。

このままでは、国内外の軍関係組織からの研究費の受給も、大学が「稼げる」ようになるならまったく差し支えないということになりかねません。

わたしたちは考えます。

この法案では、日本の研究力低下に歯止めはかかりません。二〇〇四年に国立大学が独立行政法人化して以降、各大学の運営の基盤となる運営費交付金が十数年間減らされ続け、その結果、多くの大学では、研究者を雇うカネがなく、特に若い研究者の安定した職（ポスト）の数が減りました。また、競争的研究資金は増えましたが、資金獲得のために、短期的に成果が見込める「稼げる」研究が優先されるようになりました。大学は疲弊しています。

研究は、裾野が広い場合、つまり、多くのさまざまな大学で自由闊達な研究が行なわれる場合にこそ、頂点が高くなります。ごく一部の大学だけを優遇するのは正しい方策とは言えません。二〇〇四年以降の日本の文教政策は、特に大学に対しては「選択と集中」という原理に基づいており、この考え方は今回の法案にも通じています。この「選択と集中」こそが、日本全体の大学の研究力を低下させてきた根本原因なのではないでしょうか。

わたしたちは、この法案に反対し、慎重の上にも慎重な審議を求め、かつ、この機会に「選択と集中」の原理を抜本的に見直し、未来ある若者たちにとって望ましい高等教育体制を実現することを求めます。

どうぞ署名にご協力ください！

二〇二二年四月一二日

「稼げる大学」法案の廃案を求める大学横断ネットワーク

【呼びかけ人】二〇二二年四月一二日時点、あいうえお順
石原俊（明治学院大学教員）／指宿昭一（弁護士）／遠藤泰弘（松山大学教員）／河かおる（滋賀県立大学教員）／駒込武（京都大学教員）／戸田聡（北海道大学教員）／光本滋（北海道大学教員）／吉原ゆかり（筑波大学教員）／米田俊彦（お茶の水女子大学教員）

【呼びかけ団体】二〇二二年四月二〇日時点、あいうえお順
大分大学のガバナンスを考える市民の会／自由と平和のための京大有志の会／大学の自治の恢復を求める会／筑波大学の学長選考を考える会／福岡教育大学の再生を願う教員の会

第4章　産学官連携の同時代史
――「イノベーション・エコシステム」という牢獄

大学は「打ち出の小槌」？

二〇二二年五月の卓越大学法成立を受けて、文科省は二二年末に「公募要領」を公開して申請受付を始め、二三年度臨時国会で国立大学法人法など関連法を改正したうえで、二四年度から財政的支援を開始する方針を明らかにした。二四年七月現在で国際卓越研究大学（以下、卓越大学）として認定されているのは東北大学のみ、その限りではごく一部の大学にのみかかわる制度と見える。だが、国・公・私立という設置形態や設置地域の違いにかかわらず、すべての大学が卓越大学と同じ方向に向かわされようとしている。その方向性を示すのが、「産学官連携」であり、「イノベーション・エコシステム」である。

文科省による「基本方針（素案）」では卓越大学は「イノベーション・エコシステムの中核的役割を果たす」と説明されている。[*1]「イノベーション・エコシステム」とは、甘利明議員と山際大志郎議員の共編著『INNOVATION ECOSYSTEM ニッポンは甦る！』（講談社、二〇一八年）でも用いられた言葉である。

「イノベーション」は新しい技術や新しいアイディアなど研究成果を活用して経済的価値を創出すること、「エコシステム（生態系）」は大学の研究成果を「シーズ（種）」として、産学官が連携しながらこのシーズを知的財産として成長させベンチャー企業創出など事業化を進めるシステムを指す。経済産業省の作成した資料では、大学発ベンチャーが成功したならば「知的財産権のライセンス料に加えて株式・新株予約権を通じて大学が収入を得、それを原資として大学発ベンチャー支援体制をさらに整備・強化したり、次なる事業化シーズに投資を行う」という未来図を描いている。[*2]イノベーションが収益をもたらし、収益の増大がさらなるイノベーションのための環境を整備するという、打ち出の小槌のようなサイクルが構想されているわけである。

大学はこのサイクルの不可欠の構成要素として、「稼げる大学」に変容することを求められている。だが、実際のところ、「稼げる」ことと「大学」の関係は微妙である。戦後半世紀以上の間、大学、とりわけ国立大学は「稼ぐ」という目標とは無縁だった。単に世間知らずの大学人が金儲けに無頓着だったということではない。法的に禁じられてきたのである。私立大学の場合には、私立学校法でさまざまな制限が設けられているとはいえ学校法人による収益事業が認められてきたのに対して、国立大学の場合には二〇〇四年の法人化以前はもちろん、法人化以後も収益事業への関与は原則的に禁止されてきた。法人税法上の非課税法人である点からも、営利を目的とする事業の展開は困難だった。卓越大学は、こうした大学のあり方をひっそりと、しかし根底から変えようとしている。

筆者を含めて人文系の研究者の多くは、特許など知的財産権とは縁がなく、産学官連携といわれても自然科学系の研究者が個人として進めているのだろうと思い込みがちである。だが、今日求められている連携は、「組織」対「組織」、すなわち組織としての大学と企業との連携である。しかも、出資ができる大学の認定、大学による出資可能な対象の範囲などに政府機関が強力に介在している。政府は、研究に特化した大学とそれ以外の大学というように、大学間の差別化を図りながら、他方で国・公・私立という設置主体の違いや、大都市と地方都市という違いを越えて、あらゆる大学を「イノベーション・エコシステム」のなかに組み込もうとしてきた。

同時に、政府は大学統治のあり方に介入し、国立大学における学長選考に政財界の有力者の意向が強く及ぶ仕組みをつくってきた。その結果として大学統治体制は非民主的な性格を強め、学長を中心にごく一部の役員層による専断と恣意の色彩が色濃くなっている。

大学における発明・発見が「シーズ」となって企業による製品化が進むことは、もちろん歓迎すべきことである。ただし、官が仲立ちして産業界のために大学を利用しようとする試みは、大学という組織の性格や研究・教育の特性への理解を欠いたまま強行されてきたがゆえに、「イノベーション」をもたらすどころか、研究・教育の現場を歪め、産業界の凋落に歯止めをかけることにも失敗してきた。今まさに進行中の事態であるがゆえに全貌を把握するのは容易でないものの、全貌が見えなければ抵抗の拠点を見定めることも困難である。そこで、試論的ながらも産学官連携の同時代史を描いてみることにしたい。

産学官連携体制の新局面

産学官連携の同時代史を考えるうえで、二〇〇四年の国立大学法人化は当然ながら重要な画期としての意味をもつ。ただし、国立大学法人化から産学官連携が始まったわけではない。むしろ一九九〇年代末に連携体制が新たな局面を迎え、その流れのなかで国立大学法人化が行なわれたと見るべきであろう。

日本の産学官連携はアメリカのそれを二〇年ほど遅れて後追いする形で始められた。アメリカでは一九八〇年にバイ・ドール法（Bayh-Dole Act）を制定、連邦政府の資金で研究開発された発明であっても大学や研究者に特許権を認めることで事業化を促進し、産業競争力を復活させた。他方、当時の日本では企業と大学の関係は、企業による大学への委託研究や共同研究という形式が一般的であった。法人化以前の国立大学では特許は国有とするのが原則であり、研究者は特許化に積極的ではなかった。ところが、一九九〇年代にバブルが崩壊して日本産業界の競争力が凋落したために、アメリカにならって大学における発明を特許化して事業化するための法整備が図られた。*3

一九九八年成立の「大学等技術移転促進法」では、大学または研究者個人に帰属する特許の使用権を企業に認めるための法人（Technology Licensing Organization、TLO）を制度化した。翌九九年の「産業活力再生特別措置法」第三〇条では、国による委託研究の受託者が国に特許権を譲渡しないことを、一定の条件のもとで承認することとした。「日本版バイ・ドール制度」とも呼ばれるこの条項は、翌年「産業技術力強化法」が恒久法として成立するとその第一七条に移管された。

このようにして特許権を核とした産学官連携体制が整備されつつある状況のなかで、二〇〇四年に国立大学の法人化が多くの疑問や反対の声を押し切って断行された。小泉純一郎内閣が「聖域なき構造改革」を叫ぶなかでの出来事だった。法人化により特許権は機関（国立大学法人）に帰属するのが原則とされたことにより、国立大学での発明を「シーズ」としたベンチャー企業創出への途が開かれた。とはいうものの、この時点ではさまざまな制限が設けられてもいた。

二〇〇三年七月に成立した国立大学法人法は、第二二条第一項において事業内容を規定し、

第四〇条でこれ以外の事業を行なった場合には法人役員を二〇万円以下の過料に処すと定めている。七項目にわたる事業内容の一号は「国立大学を設置し、これを運営すること」、二号は「学生に対し、修学、進路選択及び心身の健康等に関する相談その他の援助を行うこと」、三号は学外者と共同して教育研究活動を行なうこと、四号は公開講座などを通じて学外者に学習の機会を提供すること、五号は研究成果を活用しその普及を促進すること、六号は「当該国立大学における技術に関する研究の成果の活用を促進する事業であって政令で定めるものを実施する者に出資すること」、七号は以上に附帯する業務である。

一号から五号までは国立大学法人の事業内容にかかわる一般的なイメージの枠内にある。六号は政府に承認されたＴＬＯへの出資を認める条項であり、産学官連携推進のためのものである。これにより、国立大学も私立大学と同様にＴＬＯに出資し、ＴＬＯを介して収益を得ることが可能となった。ただし、収益が目的であってはならなかった。二〇〇五年の文科省通知では、ライセンスの対価として株式等（新株予約券を含む）を獲得する場合の取扱いについて次のように規定している。[*4]

> 国立大学法人等は、基本的には公的資金によって運営される法人であることから、国民のニーズに対応しない業務が自己増殖的に増えることを防止するために、法に出資業務に関する根拠規定がある場合以外は出資により株式を取得することはできない。

この通知にかかわる文科省ウェブサイトのQ＆Aでは「取得した株式が公開された際、直近に株価の上昇が見込まれる場合であっても速やかに売却しなければならないか」という質問に対して、「株価の上昇が見込まれる場合であっても運用の結果元本割れする可能性がある」ことから「可能な限り速やかに売却する」必要があると回答している。*[5] すなわち、結果として収益につながることはあるとしても、収益を目的としてはならないし、もちろん損失を出してもならないという原則が確認された。「稼げる大学」への道のりはまだ遠かったのである。

従属変数としての大学政策

二〇一二年に成立した第二次安倍政権のもとで、産学官連携推進のための「規制緩和」が進められた。出資可能な対象はＴＬＯにとどまらず、ベンチャー企業を支援するための大学発ベンチャーキャピタル（Venture Capital、ＶＣ）や投資ファンドへと拡大し、さらに大学発ベンチャー企業（Venture Business、ＶＢ）への直接投資を認める段階へと至る。

安倍内閣は二〇一三年一月に「日本経済再生に向けた緊急経済対策」を閣議決定し、大学が研究開発の事業化を目的とした子会社を設立したり、ベンチャーキャピタルへ出資したりすることを可能とする方針を定めた。同年一二月に「産業競争力強化法」を制定し、政府が認定したベンチャーキャピタル（認定特定研究成果活用支援事業者）等に対して国立大学法人が出資することを認めた。同法制定に連動して国立大学法人法を一部改正した。すなわち、事業内容の範囲を規定した第二二条第一項に新たに七号「産業競争力強化法（平成二十五年法律第九十八号）第二十一条の規定による出資並びに人的及び技術的援助を行うこと」を付け加えた。*6

大学は、「日本経済再生」の歯車に他律的に組み込まれたのであった。産業競争力強化法の制定に連動して国立大学法人法が一部改正されたこと自体、大学政策がいわば「従属変数」であったことを物語る。ただし、国立大学の側でこれに反発あるいは抵抗した形跡は見当たらない。むしろ学長以下の役員層は、戸惑いながらも歓迎した可能性が強い。法人化以来、財務省の方針に従って基盤的経費である運営費交付金が年一%ずつ削減され、二〇一三年時点ですでに一〇%を超える削減がなされていた。強引な予算削減はそれぞれの大学で常勤教職員の大幅な削減をやむなくし、研究・教育の現場を疲弊させていた。名目は何であれ、とにかく予算が必要という状況が生み出されていた。

安倍内閣はこの「兵糧攻め」の効果を見透かしたように、大学単位で差別化を図りながら利益誘導的な措置もとった。すなわち、法整備と並行して二〇一二年度補正予算に「官民共同」で研究成果の事業化を推進するための予算一〇〇〇億円を計上、四校の国立大学法人（東北大、東京大、京都大、大阪大）にこれを配分してベンチャーキャピタルを設立させた。四大学を選定した理由は「高い研究力及び共同研究実績を有する」と説明されたが、具体的な基準は明らかにされなかった。

こうした利益誘導は、政府の望む産学官連携に大学が自らを最適化していくインセンティブを生み出した。京都大学の場合、政府の予算措置二九二億円を元手として二〇一四年一二月に「京都大学イノベーションキャピタル株式会社」(京都iCAP)を一〇〇%子会社として設立し、京大発ベンチャー企業への投資・支援を行なうこととなった。一五年一〇月に文科省および経済産業省による事業計画が認定されたのを受けて「イノベーション京都2016投資事業有限責任組合」を設立、ほかの民間ファンドと協力して出資に乗り出した。京都iCAPのウェブサイトでは「京都大学の種を見出し、丁寧に育む」ことをミッションとして提示し、ベンチャーの創出を「船出」ストーリーとして紹介している。「船出」にはそれぞれのドラマがあることだろう。だが、なぜ民間からの投資を募るだけではなく、大学が自ら出資してベンチャーキャピタルを立ち上げ、ベンチャー企業に投資する必要があるのか。その理由はどこにも記されていない。

四国立大学のような手厚い保護を政府から受けられない場合でも、設置形態を問わず、地域を問わず、大多数の大学がわずかな予算を獲得するために産学官連携を推進した。二〇一四年度の「地域イノベーション戦略支援プログラム」では「大学等の研究段階から事業化に至るまで連続的な展開ができるよう」地域単位で産・学・官に加えて金融機関が参画して連携することが求められ、ほぼすべての都道府県で事業計画が申請され採択された。たとえば、とくしま「健幸」イノベーション構想推進地域、鳥取次世代創薬・健康産業創出地域、えひめ水産イノベーション創出地域という具合である。徳島のケースでは「産」は大塚製薬、徳島県鳴門病院ほか、「学」は国立徳島大学、私立徳島文理大学、「官」は徳島県、徳島産業振興機構、「金」は阿波銀行、徳島銀行が協力し、民間資金を集めて大学発ベンチャー企業二社を立ち上げた。[*7]

このように日本各地の大学が競って産学官連携体制に自らを最適化しはじめる状況のなか、安倍内閣は、最適化の度合いを高めればさらに大きな収益の機会が開かれる仕組みを打ち出した。指定国立大学法人制度である。二〇一六年五月の国立大学法人法一部改正により、「教育研究上の実績、管理運営体制及び財政基盤を総合的に勘案して、世界最高水準の教育研究活動」が見込まれる大学を指定国立大学法人として認定し、コンサルティング会社等（研究成果活用事業者）への出資、収益性の高い金融商品（株式、公社債等）への余裕金の投資、土地・施設等の第三者への貸付を認めた。二〇一七年六月にまず東北大、東京大、京都大を指定国立大学法人に認定した（二〇二四年四月現在で一〇国立大学法人）。

二〇一七年八月、指定国立大学法人制度の発足にともなって文科省は、「特段の事情」がある場合には株式等の保有を認めるという通知を発し、株式等の保有を原則禁止とした二〇〇五年の通知を廃止した。[*8] すでに記したように、二〇〇五年の通知には「国立大学法人等は、基本的には公的資金によって運営される法人であることから、国民のニーズに対応しない業務が自己増殖的に増えることを防止する」必要があると明記されていた。この通知が廃止されたことは、「国民のニーズ」とは無縁なところで大学業務が自己増殖的に増えることへの歯止めが取り払われたことを意味する。

「オープン&クローズド戦略」のディレンマ

二〇二〇年に安倍政権が終焉を迎えた後、菅義偉政権、岸田文雄政権のもとで産学官連携政策は見直されるどころか、さらにエスカレートした。二一年五月の国立大学法人法の一部改正では、第二二条第一項に新たな事業内容として六号、七号を追加した（二〇一三年に七号として追加された条項は八号とされた）。六号では大学の教育研究施設等の管理にかかわる事業者への出資を認め、七号ではコンサルティング会社等（研究成果活用事業者）への出資を指定国立大学からすべての国立大学へと拡大した。今やすべての国立大学が「イノベーション・エコシステム」のなかに組み込まれることになったわけである。このときに大学からベンチャー企業への直接出資も認められることになったが、このハイリスクな試みは財務体質が優れている指定国立大学法人に限定するとされた。

以上のような布石を積み重ねたうえで、二〇二二年五月に卓越大学法が成立したわけである。そこでは株式の保有は禁止されるどころか、科学技術振興機構の運用する大学ファンドを見習って、それぞれの大学が独自基金を構成してハイリスク&ハイリターンの株式投資に乗り出すことが奨励されることになった。前章でも指摘したように、卓越大学は、大学への公的資金投入を増大させる仕組みではなく、むしろさらなる削減を可能にするための仕組みである。大学側では公的資金の先細りを覚悟して、産学官連携の方針に従ってさまざまな事業への出資に生き残りを賭けざるをえない地点に追い込まれる。

ところが、この産学官連携には実は大きなディレンマがはらまれている。ベンチャー企業が成長しやすい環境を整えるためには、組織の枠を越えて協業するオープンな仕組みが求められる。実際、「オープンイノベーション」など「オープン」を冠した言葉がしばしば用いられる。だが、特定の大学・企業・国家が収益を上げるためには、機微な技術を「クローズド」なものとして囲い込み、他大学・他社・他国との差別化を図る必要がある。この両面のバランスをとりながらイノベーションを推進することが「オープン&クローズド戦略」と表現されている。[*9] この自民党知的財産戦略調査会の会長は甘利明議員であり、「イノベーション・エコシステム」という言葉がここに登場することに留意しておこう。

「オープン&クローズド戦略」というもっともらしい言葉こそつくりだしたものの、実際のところ、オープンとクローズドの使い分けは簡単なことではない。むしろ原理的に矛盾する。大学における研究は公開性・公共性を本質としているのに対して、企業は発明を製品化・商業化するために情報を囲い込む必要があるからである。さらに軍事にかかわる技術の場合には、国による囲い込みがこれに重なる。これは研究成果の公開性という原則と対立するばかりでなく、企業を主体としたイノベーションの抑制に連なることすらありうる。したがって、オープンとクローズドの使い分けを決めるのは、政府の意向を忠実に忖度しながら、しかも「経営者マインド」にあふれた人物でなくてはならないのである。

前章で論じたように、卓越大学法案の策定過程で中心的な役割を果たしたのは、甘利明議員が自ら「チーム甘利」と呼ぶごく少数の人びと――岸田文雄首相を含む自由民主党議員のほか、上山隆大氏、橋本和仁氏、五神真氏など――である。

大学の研究成果について「何をオープンにして、何をクローズドとするか」の決定権を「チーム甘利」に近い立場の人物が掌握するためには、大学統治体制の抜本的改革が必要となる。本章の冒頭でも述べたように、「イノベーション・エコシステム」の実現こそが中核的な政策課題であり、大学の「ガバナンス改革」はそこから派生的に生じているのだと考えるべきだろう。

資本的価値の最大化に資する大学と人間

二〇一九年、京都大学発のベンチャー企業として、「京都フュージョニアリング株式会社」が設立された。主たる投資者は京都大学イノベーションキャピタルであり、民間投資会社から二〇億円近くの資金を調達したという。事業内容は核融合により二酸化炭素を放出しない水素・液体燃料を産出し、永続的にエネルギーが循環する社会を実現することだと説明されている。政府・与党はこうしたベンチャーの成功により日本の産業界の国際競争力を回復できると考えているのであろう、二一年の自民党総裁選の際には高市早苗議員が核融合炉の国産化を「国家プロジェクト」として推進すべきと発言、京都フュージョニアリングの試みを念頭に置いた発言と報道されている。*10

核融合炉などというものが本当に安全なのか、軍事技術に転用されるのではないかという懸念を拭うことはできない。だが、このプロジェクトの推進者から「この技術は一〇〇％安全である。私たちは軍事のためではなく脱炭素社会の実現のために研究しているのだ」と反論されたならば、再反論することは困難である。

核融合技術の素人としても問うことができるし、また問うべきなのは、核融合炉による発電実験に成功したとして、その技術を世界に向けて公開できるのかということである。

この京都フュージョニアリングの共同経営者（Co-Founder）は京都大学エネルギー理工学研究所の現役教授である。研究者としては、実験の成果を公表して世界中の研究者とシェアしたいと考えることだろう。そこからノーベル賞への道だって開かれるかもしれない。だが、企業人としては、必ずしもそうではないだろう。しかも、卓越大学法とほぼ同時に経済安全保障法が国会で成立したために、公表にかかわる決断そのものが自らの意思ではなく内閣に制約されるようになってしまっている。すなわち、経済安保法に定める特許出願非公開制度により、特定の技術が内閣総理大臣に「保全指定」されると発明の開示禁止、適正管理などの義務が課され、違反者には二年以下の懲役、あるいは一〇〇万円以下の罰金が科される。

すでに大学の研究・教育の現場に大きなひずみが生じている。たとえば、京都大学では経済安保法にかかわる注意喚起として、学生を連れて企業を訪問する場合に「受入れ側が安全保障輸出管理に関する許可の取得を避けるために外国人は一律不可」「見学する企業のコンペティターと共同研究している者の受入不可」「見学する企業のコンペティターが所在する特定の国の人の受入不可」という対応がありうることに留意せよとの通知が、二〇二二年一〇月七日付でなされている。

すでにこのような「受入不可」の事態は実際に起きてしまっている。京都大学の大学院の授業で三重県の機械メーカーの工場見学が予定され、日本人学生と留学生がともに見学に参加するはずだった。しかし、直前になって留学生に対してだけ「安全保障上の理由で参加できない」というメールが送られてきた。留学生たちの国籍は異なっていたが、国籍にかかわりなく一律に参加できないこととなった。京都大学は、「見学先の企業に（規制対象の技術に該当するかを判断するなどの）負担がかかることから、大学として留学生は一律に参加を認めなかった」と説明している（『毎日新聞』二〇二二年九月九日付）。

授業の一環としての見学について、留学生だけが参加を拒まれる事態を容認するのは、京都大学が教育機関であることを自ら否定したに等しい。

大学の事業の根幹は、今日でも「学生に対し、修学、進路選択及び心身の健康等に関する相談その他の援助を行うこと」のはずである。だが、卓越大学法と経済安保法の組み合わせにより、「トップ大学」をまるごと政府と産業界の研究所のようなものに変えてしまおうとする未来図が見すえられている。実際、ＣＳＴＩの常勤議員である上山隆大氏は「ファンドで選ばれる大学は学部の規模を小さくして大学院の活動に特化し、学部教育をトップ研究大学以外の大学に譲るべきだ」と述べてはばからない（『日本経済新聞』二〇二二年五月三日付）。重大な発言である。単に大学の機能分化を図るというよりも、「国家有用」の研究を囲い込み振興することを重視する一方で、大学教育を通じた社会の知識・文化水準の向上、民主的な社会を担う市民の形成という役割を軽視する姿勢を露骨に表明したものだからである。

日本経済団体連合会を構成する大企業や、これを重要な支持基盤とする自民党の議員がこれを「産業競争力回復」のために都合のよいこととして歓迎するのは、ある意味で理解できる。産学官連携の「先進国」たるアメリカでウェンディ・ブラウンが鋭く告発したように、今日の世界において新自由主義的理性は人間のあらゆる活動を投資価値や利益率というような経済的基準で測定することで、人間を根底からつくりかえようとしている。[*11]

人も国家も現代の企業をモデルとして解釈され、人も国家も自分たちの現在の資本的価値を最大化し、未来の価値を増大させるようにふるまう。そして人も国家も企業家精神、自己投資および／あるいは投資の誘致といった実践をつうじて、そうしたことを行うのである。いかなる体制も別の道を追求しようとすれば財政危機に直面し、信用格付けや通貨、国債の格付けを落とされ、よくても正統性を失い、極端な場合は破産したり消滅したりする。

産学官連携の同時代史が示しているのは、国家ですら企業をモデルとしてつくりかえられるということである。そうした世界において、大学という組織それ自体が企業化されることは不思議ではない。

事態はきわめて深刻であることを確認したうえで、自分自身を含む大学人に対して問わなくてはならない。産学官連携のさらなる推進に対して、なぜもっと大きな反対の声をあげないのか。原理的には世界全体に開かれていることこそが大学の責務であり、研究・教育にかかわる活力の源泉なのではないか。政府・与党の追求する「イノベーション・エコシステム」は本質的に「クローズド」であるために、学問研究にかかわる生態系（研究者間のネットワークや教員・職員・生徒の関係）をむしろ破壊するのではないか。

研究のための時間と空間を確保することも困難な状況では、厳しい問いかけとならざるをえない。だが、大学に所属するすべての研究者がいったん研究の手を止めて立ち止まり、産学官連携体制の来し方・行く末を見つめ、望ましい大学のあり方について学内の職員や学生、市民と一緒に討議することが必要である。もしもそうした試みを「ムダ」と感じるとしたら、そのぶんだけすでに自分という人間がつくりかえられてしまっていることになる。その苦々しい認識を噛みしめるところから始めるほかはない。

註

＊1　科学技術・学術審議会大学研究力強化委員会「国際卓越研究大学の研究及び研究成果の活用のための体制の強化の推進に関する基本的な方針（素案）」二〇二二年八月三一日。https://www.mext.go.jp/content/20220831-mxt_gakkikan_000024674_3.pdf（二〇二四年七月一七日確認。）

＊2　経済産業省「大学による大学発ベンチャーの株式・新株予約権取得等に関する手引き」二〇一九年五月。https://www.meti.go.jp/policy/innovation_corp/start-ups/tebiki.html（二〇二四年七月一七日確認。）

＊3　詳細は小林信一「産学連携とベンチャーキャピタル」『高等教育研究』第二二集、二〇一九年を参照。

＊4　「国立大学法人及び大学共同利用機関法人が寄附及びライセンス対価として株式を取得する場合の取扱いについて」二〇〇五年三月二九日付文部科学省高等教育局長・研究振興局長通知。

＊5　「別添『国立大学法人及び大学共同利用機関法人が寄附及びライセンス対価として株式を取得す

る場合の取扱いについて』に関するQ&A」。https://www.mext.go.jp/a_menu/shinkou/sangaku/sangakuc/08100124/001.htm（二〇二四年七月一七日確認。）

＊6　本節の記述は、森卓也「国立大学法人の出資会社に関する研究」『大学経営政策研究』第一〇号、二〇二〇年に多くを負う。

＊7　文科省科学技術・学術政策局産業連携・地域支援課「産学官連携施策について」二〇一五年四月一七日。https://warp.ndl.go.jp/info:ndljp/pid/11293659/www.mext.go.jp/b_menu/shingi/gijyutu/gijyutu16/siryo/__icsFiles/afieldfile/2015/05/08/1357414_01.pdf（二〇二四年七月一七日確認。）

＊8　「国立大学法人及び大学共同利用機関法人が株式及び新株予約権を取得する場合の取扱いについて」二〇一七年八月一日付文部科学省高等教育局長・研究振興局長通知。https://www.mext.go.jp/a_menu/koutou/houjin/__icsFiles/afieldfile/2019/08/29/1222251_04.pdf（二〇二四年七月一七日確認。）

＊9　自由民主党「知的財産戦略調査会提言――イノベーション・エコシステムの早期確立のために」二〇一八年。https://www.jimin.jp/news/policy/137362.html（二〇二四年七月一七日確認）。

＊10　『EnergyShift』二〇二一年九月一五日。https://energy-shift.com/news/65002360-a2f4-44fd-a03f-3843a218375c（二〇二四年七月一七日確認。）

＊11　ウェンディ・ブラウン／中井亜佐子訳『いかにして民主主義は失われていくのか――新自由主義の見えざる攻撃』みすず書房、二〇一七年、一五頁。

第5章　ガバナンス崩壊への道のり

——国立大学法人法改正（二〇二三年）の隘路

「第二の日本学術会議問題」

　文科省に設けられた「国際卓越研究大学の認定等にかかわる有識者会議」は、二〇二三年六月末、卓越大学に申請した一〇校の国立・私立大学のうち、東北大学、東京大学、京都大学に候補を絞ると発表した（『産経新聞』二〇二三年六月二七日付）。さらに、九月に東北大学を最終候補として発表した。

　その翌月、驚くべき法案が登場した。一〇月三一日に岸田内閣が閣議決定して臨時国会に提出した国立大学法人法改正案において、「一定規模」以上の国立大学は「運営方針会議」を設置できると定めたうえで、卓越大学としての認定の如何にかかわらず、大規模な大学は「特定国立大学法人」に指定して運営方針会議の設置を義務づける方針を明確化した。

この運営方針会議は、中期目標・中期計画、予算・決算の決定権をもつほか、学長の選考について意見を述べ、学長に運営の改善を要求し、学長の解任を発議する権限までもつという。まさに学長の上に設けられた「最高意思決定機関」としての合議体を具現化したものといえる。「大規模な大学」として東北大学、東京大学、名古屋大学・岐阜大学からなる東海国立大学機構、京都大学、大阪大学をまず「特定国立大学法人」として指定する意向も、法案の概要発表と同時に明らかにされた。

合議体の設置は、卓越大学に求められる統治改革だったはずである。それにもかかわらず、認定の如何にかかわりなく設置を義務づけるという。ほとんど「だまし討ち」ともいうべき法案の内容は、想定のナナメ上を行くものであった。戸惑いながら、あらためてその内容を精査すると、卓越大学の策定過程で示された内容と異なる点もあり、さらに深刻な問題を抱えていることがわかった。

第一に、この「改正」案では、学長が運営方針委員を任命するのにあたって、文科大臣の「承認」を必要とするとされた。承認しない場合はどうなるのか？　誰もが想起したのは、日本学術会議会員の任命拒否問題だった。政府のめざす大学「改革」の方向性、たとえば産学官連携路線に異議を唱えそうな人物の承認を拒否するのではないか。そうでなくても、大学側で政府・文科省の意向を忖度して、承認拒否される可能性のある人物をあらかじめ避けるのではないか。当然ながら、そうした疑念が湧いてくる。

国会において盛山正仁文科大臣は、承認を拒否するケースは限定的であるとして、「大学の自主性、自律性に鑑み、申出に明白な形式的違反性や違法性がある場合、明らかに不適切と客観的に認められる場合を除き、拒否することはできない」と答弁した（衆議院文部科学委員会、二〇二三年一一月一〇日）。だが、「明らかに不適切」と誰がどのように判断するのか。「客観的」どころか、そこに主観が入り込む余地は大いにある。柚木道義議員（立憲民主党）は日本学術会議問題を持ち出して、内閣府の政府委員に対して学術会議会員任命拒否の理由についてあらためて説明を求めた。だが、この期に及んでも回答は「その理由については、人事に関することであることから、お答えを差し控えさせていただきます」というものであった（衆議院文部科学委員会、二〇二三年一一月一五日）。運営方針委員の承認を拒否した場合でも、「人事に関することなのでお答えを差し控えます」という回答がなされると十分に予想される。そうである以上、この「改正」案が「第二の日本学術会議問題」と評されるのも十分な理由がある。

卓越大学の合議体では学外委員が「過半数、または半数以上」とされたのに対して、運営方針会議については「運営方針委員三人以上と学長で組織する」と規定するにとどまり、学外者の割合は記していない。だが、卓越大学法案の策定過程で橋本和仁委員が、法律に明記しなくても「誘導」すればよいと述べていたことを思い起こすべきだろう（本書第I部第3章参照）。運営方針委員の選定についても同様な「誘導」がなされると考えるのがむしろ自然である。

第二の重要な変更点は、すでに指摘したように、大規模な大学を政令で「特定国立大学法人」と指定して運営方針会議の設置を義務づけるとしている点である。なぜこのような方針変更がなされたのか。驚くべきことに、法案説明のどこにも方針変更の理由が示されていない。

法律の制定や改正にあたっては、その正当性を根拠づける立法事実が必要である。さもなければ、行政権の担い手である内閣が朝令暮改を繰り返して法の安定性を損ないかねないからである。したがって、立法事実を整理しながら原案を作成し、さらに法案へと至る過程の議事録等を公文書として残さなくてはならない。それでは、新たな国立大学法人法「改正」案の立法事実はどのようなものなのか？ 公表された改正「理由」には、ただ「国立大学法人等の管理運営の改善並びに教育研究体制の整備及び充実等を図るため」とだけ記されている。[*1] ここに記されているのは国立大学の一般的目標にすぎない。従来の統治体制を大幅に修正して、学長の上位にあって、予算・決算を決める権限をもつ運営方針会議の設置を大規模な大学に義務づける理由の説明とはなっていない。このような「理由」で法律を改正できるのならば、どのようなこともできてしまう。

当然ながら、国会における審議経過でもこの点が問題とされた。盛山文科大臣は、衆議院本会議においてこの点について「運営方針会議を設置し、多様な専門性を有する方々にも大学運営に参画していただくことで、法人の運営方針の継続性や安定性が確保され」ると説明した（衆議院本会議、二〇二三年一一月七日）。この発言では①「多様な専門性を有する方々」と

②「法人の運営方針の継続性や安定性」の必要を、大規模大学に運営方針会議の設置を義務づける理由としているわけである。だが、やはりどちらも説明になっていない。

①については、どのような「専門性」を求めるのかが曖昧であるうえに、仮に「経営のプロ」と解した場合にも、すでに国立大学は経営協議会に過半数の学外者を含め、理事のなかにも複数の学外者を加えることを迫られている。それでもまだ不十分という理由が説明されていない。②は学長の交替により継続性や安定性が損なわれるとの懸念を表明したものである。だが、国や政党のトップでも、在任期間に上限を設けて交替する仕組みが設けられている。組織の新陳代謝を進め、権力の長期化にともなう腐敗を防ぐためである。自民党の総裁ですら「連続三期九年」という任期の上限がある。「継続性」「安定性」が大切だとしても、権力の長期化のもたらす弊害のほうが大きいということが常識的な判断である。それにもかかわらず、大規模国立大学の場合にはなぜ「継続性」「安定性」を最優先すべきなのか。説明されていない。

参議院の文教科学委員会では蓮舫議員（立憲民主党）がこの立法事実の不在という問題に着目し、「文科省内、高等教育局内で会議を重ね、三年来の議論を経て国際卓越研究大学に必置とした運営方針会議をほかの国立大学にまで広げると決めていった過程、立法事実を知ることができる公文書はありますか」と切り込んだ。驚くべきことに、池田貴城政府委員の回答は「きちんとした公文書については、確認しておりますけれども、見当たりませんでした」というものであった（参議院文教科学委員会、二〇二三年一二月一二日）。この審議の時点で、資料としては、五月二四日の議事メモを後づけ的にまとめたものが提出されただけであった。結局、盛山文科大臣は後日法案の策定過程にかかわる資料を提出することを約束、自民党、公明党、日本維新の会、国民民主党の賛成で法案は強行採決された。

法案の原案策定過程にかかわる事実経過は、いまだほとんど霧のなかである。わずかにその間の事情を伝えているのは、『日本経済新聞』(二〇二三年一一月二八日付)の次のような報道である。

合議体が国際卓越研究大以外に広げられた背景には内閣法制局の意向があったようだ。文科省や大学ファンド政策と関係が深い総合科学技術・イノベーション会議(CSTI)を所管する内閣府の関係者によると、大学ファンドという補助金事業で選ばれた大学のみを対象とする法改正に法制局が難色を示した。その結果「国立大学全体の制度」として合議体を設計し直すことになり、法案作成に時間がかかったという。大学側の抵抗を考えると全校に設置を義務化するのは無理で、どこかで線を引かざるをえない。合議体の制度化を求めるCSTIの注文と法制局の「待った」の間で板挟みになった文科省が出した苦肉の策が今回の法案であるようにみえる。

CSTIと文科省と法制局という三者の思惑が交錯するなかで「苦肉の策」として法案が

成立したという報道は、以下に見ていくとおり、信憑性が高い。文科省による「苦肉」の線引きが恣意的であることは、議会に提出された資料に明らかである。理事数が七名以上の一二大学の「経常費用」「収容人員」「教職員数」を挙げながら、どの数値もなぜ先に挙げた五国立大学法人が含まれてほかの大学が除かれるべきなのかという説明になっていないからである。すなわち「大規模大学」とはどのような基準であるかすら明確ではない。そうした状況で、「大規模大学」に運営方針会議を義務づける根拠が明らかになるはずもない。

卓越大学に合議体設置を求めるにあたっては、大学ファンドの運用益を確実に活用できる事業・財務戦略のために「ガバナンス改革」が必要という説明がなされていた。事の是非はとにかくとして、それは一応説明らしき外観を呈していた。すでにこうした説明をしてしまった以上、一部の大学に「改革」を義務づける根拠を新たに説明するならば、過去の説明との整合性がつかなくなる。かくして、立法事実不在の「改正」案が国会に提出され、強行採決されたとしか考えられない。

「規制緩和」という誘惑

立法事実不在の、矛盾だらけの法案を、自民党政権はなぜ臨時国会に提出して強引に成立させたのだろうか。そこには暗黙の、語られざる立法事実ともいうべきものがあるようにも思われる。

とりわけ二〇一四年以降、自民党政権は学長の権限を強化したうえで、学長を介して大学を統治しようとしてきた。ところが、学長権限を強化しすぎたために学長の「独断専行」「不正行為」「法令違反」が多発することになった。二一年の国立大学法人法「改正」ではこれを立法事実として提示したうえで、学長の権限強化それ自体を見直すのではなく、学長選考会議と監事の権限強化を対症療法的に打ち出した（本書第Ⅰ部第2章参照）。二三年の「改正」は、この二一年の「改正」が有効に機能しているかの検証もないままに、さらに政府・文科省の統制を強化しようとするものである。山本佳世子氏（日刊工業新聞社論説委員兼編集委員）は、その意図について「政府がこの措置をとったことで、国立大学長の独断専行に牽制をかける、運営方針会議の仕組みは早急に浸透するのではないか」と説明している。*2

山本氏は、文科省「世界と伍する研究大学の実現に向けた制度改正等のための検討会議」の委員として卓越大学の制度設計に携わっていただけに、この解釈は重みをもつ。学長の「独断専行」は、政府・文科省としても認めざるをえない事実なのだ。多くの大学で学長専断への不満や憤りが蓄積されている。この不満や憤りを背景とした抵抗を抑えつけながら「稼げる大学」への変容を迫るには、合議体の学外委員に強大な権限を賦与する必要がある。政府・文科省によって明示的に語られることはないものの、二三年の国立大学法人法「改正」の前提となる立法事実はこのようなものではないかと解釈できる。

実際、二〇二三年「改正」には「稼げる大学」への変容を促進する条項も含まれている。すなわち、運営方針会議の設置を義務づける大学とそれ以外の国立大学を含めて、次のような「規制緩和」を認めている。

●長期借入金や債券発行ができる条件を緩和し、施設の整備などばかりではなく「先端的な教育研究の用に供する知的基盤の開発又は整備」についても可能とする。

●土地等の第三者への貸付にあたって全般的計画が文科大臣の認可を受けている場合には個別の貸付について認可を要せずに届出でよいものとする。

この「規制緩和」は、国立大学の学長にとって魅力的に思えることであろう。それほど財務状況が厳しいからである。すでに本書第Ⅰ部第1章でも記したように、二〇〇四年の国立大学法人化以降、国立大学の基盤的経費（運営費交付金）が削減され、一六年度からは基盤的経費のうちの一〇％程度を「重点支援枠」として一定の評価指標に基づいて傾斜配分している。一方で物価は高騰し、大学は慢性的に予算不足に悩まされている。個々の大学執行部の責任も重大だが、より根本的には政府による基盤的経費の削減という問題が存在する。国立大学の学長たちの構成する国立大学協会ですら「基盤的経費の拡充」を求めて次のような要望を文科大臣宛に提出した。[*3]

> 国立大学がその機能と役割を更に強化・拡張し、今後も国民の期待に応え、社会の発展に貢献するための未来への投資として、基盤的経費である運営費交付金の拡充を求めます。特に、運営費交付金の一部を毎年度、共通指標に基づき傾斜配分する仕組みは、中長期的な見通しをもった責任ある大学経営を困難にするのみならず、各大学が一律に指標の評価値向上に舵を切らざるを得ず、ひいては国立大学の多様性を損なう恐れがあることから見直しを求めます。

こうした働きかけにもかかわらず、文科省の背後に鎮座する財務省は、決して基盤的経費を増やそうとしてこなかった。軍備拡張のためには財源を度外視しても予算を大幅に増大させたにもかかわらず、国立大学に対しては「予算がない」としてさらなる削減、さらなる「重点支援枠」の拡充を図ろうとしている。むしろ「財源の多様化」という旗印を掲げて基盤的経費以外の財源を求める方向に誘導している。

資金難に直面した大学側の求める打開策の一つは、クラウドファンディングである。新型コロナウイルス感染症拡大のさなかの二〇二〇年、京都大学附属病院長は手術室の陰圧室工事のためにクラファンを始め、三〇〇〇万円の目標を超えて六〇〇〇万円を集めた。*4 二三年には、金沢大学基金・学友支援室が学生向けのトイレの整備・改修のためにクラファンを始めた。

二四年二月現在で三五〇万円近くが集まっているが、トイレ改修に要する費用の合計は一億円である。*5

クラファンをすること自体は、社会から研究者への期待の所在を知ると同時に社会への説明責任を果たす試みともなりえる。だが、附属病院の陰圧室やトイレのような基本的設備を改修する費用までクラファンに委ねるべきなのか。政府が責任をもって公費（税金）をあてるべきではないのか。クラファンでは億単位のお金を集めることは難しいという制限もある。

財源にかかわるもう一つの方向性は、前章で論じたように、特許など知的財産によるライセンス収入、知的財産を生かしたベンチャー企業の創設、企業から寄附金を受領するなどの産学官連携である。だが、研究とは、文系と理系とを問わず、試行錯誤の末にオリジナルな知見や新たな技術を生み出せるかもしれない試みであり、一種の「賭け」的要素をはらまざるをえない。「確実に勝てる馬券」が存在しないように、「確実に特許に結びつく研究」など存在しない。そのために教育研究成果の活用による収益の獲得は、うまくいくときもあれば、そうでないときもある。

結局、運営費交付金以外に巨額の資金を調達するには、長期借入金や債券（大学債）の発行、すなわち借金に頼らざるをえないということになる。国立大学が法人化した当時から、長期借入金や大学債の発行は可能だった。だが、附属病院の施設整備のようにその施設から業務収入を見込むことができ、確実に償還できる場合に限られていた。ところが、二〇二〇年六月の政令改正により、直接的収入を見込めない施設のためにも大学債発行が可能とされた。償還の財源にも、大学全体の余裕金（寄附金など）をあてることができるようになった。*6

この規制緩和を受けて、東京大学では五神真総長（当時）のもとで二〇年一〇月八日に大学債を二〇〇億円発行、償還期間は四〇年、毎年の利回りは〇・八二三％とされた。*7「チーム甘利」の一員たる五神氏は、財政制度等審議会の報告で「産業界が維持できなくなった中・長期のための投資の受け皿を大学につくる」と語っている。*8 産業界のための「大学経営」という志向を、はしなくも告白している。

その後、確認できているかぎりでも、東京大学が二〇二一年に第二回として一〇〇億円の債券を発行したほか、二〇二二年から二三年にかけて次のように起債が行なわれた。

- 「大阪大学生きがいを育む社会創造債」総額三〇〇億円、償還期間四〇年、年利一・一六九％
- 「筑波大学社会的価値創造債」総額二〇〇億円、償還期間四〇年、年利一・六一九％
- 「東京工業大学つばめ債」総額二〇〇億円、償還期間四〇年、年利一・八〇〇％
- 「東北大学みらい創造債」総額一〇〇億円、償還期間四〇年、年利一・八七九％
- 「東海国立大学機構コモンズ券」総額一〇〇億円、償還期間二〇年、年利一・一八七％

二〇二三年の「改正」では、起債の条件を緩和して、施設の整備だけではなく、「知的基盤の開発又は整備」でもよいとしている。モノとしての施設ではなく、「知的基盤」の整備でよいということになれば、実質的にどのような理由づけも可能となる。トイレ改修費用の一億円を捻出するのにも苦労している状況で、一〇〇億円〜三〇〇億円という資金を調達できる選択肢は魅力的にも見える。ただし、いうまでもなく借金のツケは未来に転嫁される。現在の大学の学長クラスで「四〇年後」に借金返済に責任をもって取り組める年齢の者はほとんどいないことであろう。自分が亡くなった後にどうなろうと知ったことではない、「我が亡き後に洪水よ来たれ」という無責任感が漂う。

さらに、いくら超低金利とはいっても、一%前後の利息を毎年払いつづけるのは簡単なことではない。たとえば大阪大学や筑波大学や東京工業大学の場合、利払いだけで毎年三億円を超える。どのように三億円の利払いを実現するのか？　当然ながら、借金をする側は新たな難題を抱え込むことになる。

投資家の側から見るならば、超低金利の時代に相対的にはよい金利で確実な投資先を見出せることになる。ここで「確実」というのは、そう簡単にはつぶれないし、いざという場合の担保となりうる土地・建物も所有している、という意味合いである。実際、大学債には申し込みが殺到しているという。五神氏が述べたように、東大は「産業界が維持できなくなった中・長期のための投資の受け皿」をつくる役割を果たしたわけである。研究教育の深化充実のためではなく、産業界の利益のために存立する「稼げる大学」の姿が、そこにはくっきり浮かび上がる。

「大学のかたち」を変える土地貸付

もう一つの規制緩和措置、すなわち土地等の第三者への貸付を容易にしたことも、大学債発行と連動している。第三者に土地貸付をして賃料をとることが認められたのは、二〇一七年のことである。貸付を認可すべきではないケースとして「国立大学法人等の業務の遂行に支障の生じるおそれがある」場合や、「騒音、震動、塵埃、視覚的不快感、悪臭、電磁波又は危険物などを発生するおそれがある場合、その他、大学の「公共性や公益性を損なうおそれがある」場合などが挙げられ、これにあたらない場合にのみ貸付を認可するとされた。[*9]

二〇二三年「改正」では、さらにこの制限を緩和し、いったん貸付計画が認可されたならば、個別の貸付について認可を不要としている。大学債の発行にかかわる規制緩和がなされたのと同時に土地の貸付が緩和されたのは、借金返済の手段も確保する必要があるという事情によるものであろう。

たとえば、大阪大学の大学債担当者は、大学独自の基金の運用で毎年二・七億円、所有する土地の運用で一億円の利益を上げることで、三・五億円の利払いにあてるという皮算用を披露している。*[10] 研究開発を通じた収益が必ずしも約束されない以上、土地の貸付は確実な収益をもたらす数少ない手段である。同時に、企業や投資家にとっては、大学のキャンパスを「有効利用」した「ビジネスチャンス」を獲得するという意味をもつ。

実際、二三年の「改正」法案が衆議院を通過したばかりのタイミングで、某不動産会社の刊行する「不動産戦略情報」は国立大学の土地利用について取り上げ、「大学によっては遊休地や低利用地が相当量ある」として、二三年「改正」案が施行されたならば「事業化がよりしやすくなる」と報じている。*[11] まだ参議院に送られる前のこと、獲物を待つハゲタカのような視線で国立大学法人の所有する土地に熱視線を送っているわけである。

大学がたまたま「一等地」に文字どおりの「遊休地」をもっているならば、これを貸し付けるのは「有効利用」といえるのかもしれない。実際、東京工業大学の場合、田町キャンパスについて定期借地権を設定する契約を結ぶことで、七五年間にわたって年四五億円の土地貸付料収入が大学に入ることになり、これを原資として大学債を発行した。*[12]

だが、当然のことながら、そのように好都合な土地がどこの大学にもあるわけではない。土地の貸付を行なったならば、大学の「公共性や公益性を損なうおそれ」のある状況こそが一般的である。それでも、土地の貸付を行なうとしたら、学生の学習環境や福利厚生を損なうリスクをとることになる。政府・文科省はこれにブレーキをかけるのではなく、むしろアクセルを踏もうとしている。二〇二二年九月末には省令で大学設置基準を改正し、従来は必置とされていた図書館閲覧室、原則必要とされていた体育館、「なるべく」必要とされていた運動場や学生控室や寄宿舎（学生寮）を「必要に応じて」設ければよいこととした。[*13] かくして大学が土地貸付を行なうためのハードルはどんどん下げられていっている。

企業に対する土地貸付は、すでに小学校敷地をめぐって進められている。京都市の場合、少子化を理由として小学校の統廃合を進めると同時に、廃校とされた学校について「学校跡地活用の推進」を図ってきた。学校跡地は当初は市の事業のために利用されたが、二〇一二年度以降は民間事業者の利用を認めることになった。博物館など公共目的に用いられているところもあるが、高級ホテルの用地とされたところも少なくない。敷地は八〇年を上限とした貸付であり、京都市は高額の賃料を受け取ることになる。[*14]

少子化でやむをえず廃校、やむをえず跡地活用のはずだが、むしろ市の財政黒字化のために統廃合を推進しているという本末転倒の空気も漂う。統廃合により地域の学校がなくなると、子どもたちの通う距離は長くなる。遠くにある大きな学校が子どもにとってよい環境とはいえない。そこで子育て世帯が引っ越すと、さらに少子化が進む。すると税収が減り、さらなる統廃合が必要になるという負のサイクルに陥る。

このように公共用地を切り売りして、私企業の便宜を図る流れのなかに、大学のキャンパスも組み込まれつつあるのだ。大学と企業の関係だけを見ていたら、あたかもウィン-ウィンの関係のようにも見える。だが、学生たちにとってキャンパス空間のもつ意味は、全く視野の外に置かれている。土地貸付は「大学のかたち」を根底から変えてしまう可能性を備えているというべきだろう。財政的に追いつめられた学長たちが、「規制緩和」という誘惑につられて巨額の借金をして、その利払いのために土地貸付を進めていけば、運動場、体育館、図書館、寄宿舎、学生控室、サークルボックス……学生にとって重要な空間が次々と切り詰められていく可能性が高い。

土地のことだけではない。「稼げる大学」への要求は、短期的に「稼げない」「ムダ」な研究を担う学部や専攻を廃止したり、カリキュラムを大きく改変したりすることであろう。大学の多様性、学問の多様性を狭めることは、若者たちの学びにかかわる選択肢、さらには職業選択を含む生き方の選択肢を狭めてしまう。

「稼げる大学」とは、実は大企業に「貢げる大学」である。大企業に「稼げる」機会を供与することで、大学はその分け前にあずかることが想定されているのである。自民党政権の立場からすれば、大学予算からカットした予算を自らの支持基盤たる大企業に振り向けられるうえに、大学を大企業との連携に向かわせることで収益の機会を与えることもできる。しかも、予算で締め上げれば締め上げるほど大学執行部は従順となり、不穏な学生や教職員を沈黙させるために尽力する。この「一石三鳥」ともいうべき政策を首尾よくやり遂げるためには、大学内で異論を唱える者たちを封じ込めねばならない。大学の学長がいかに政府与党の意向を忖度するのに馴らされてしまったとはいっても、学内におけるかつての「同僚」から強い批判にさらされたならば、動揺する可能性もある。かくして運営方針会議の設置が必須とされることになる。

CSTIと文科省、水面下のせめぎ合い

政府与党にとって「一石三鳥」とも見える政策は、当然ながらリスクをはらんでいる。大学債により多額な資金を調達できたとしても、債券はあくまで借金である。もしも毎年一億円を超える利息が支払えず、デフォルト（債務不履行）となった場合に誰が、どのように責任をとるのであろうか。「チーム甘利」の面々は大学の努力不足だとして責任逃れをすることだろう。それでは、運営方針委員が身銭を切るのだろうか？　学長以下の役員（理事、副学長）が経営責任を負うのだろうか？

衆議院の委員会質疑において池田貴城政府委員（文科省高等教育局長）は、運営方針委員として「国際的にリーダーシップを発揮している企業やベンチャーキャピタル、あるいは非営利法人などで代表的な役割を果たしている方」などを想定していると答弁したうえで、「責任をもって国立大学法人の運営に参画をいただくよう、役員と同様の忠実義務や損害賠償責任を課すこととしております」と答弁している（衆議院文部科学委員会、二〇二三年一一月一五日）。この答弁を確認するように、附帯決議でも第七項において「運営方針委員及び学長が忠実義務や

損害賠償責任を負っていることの趣旨を周知すること」と記した。[*15] だが、これで安心することはできない。学外者たる委員は、運営方針会議に出席しているときにのみ職務権限をもつのであり、会議以外の時・場では大学の役員でも職員でもなく、まさに学外者である。そのような学外者に法的な損害賠償責任を負わせることができるのか、疑問だからである。

それでは、学長が責任を負うのだろうか。学長が文字どおり独断専行でやって失敗したならば、個人として責任を負うべきである。だが、この法「改正」により運営方針会議は、適切な大学運営が行なわれていないと判断した場合には学長に対して改善を求める権限をもち、さらには学長の解任を発議する権限すらもつ。だとすれば、学長にだけ責任を負わせる仕組みは理不尽ともいえる。

卓越大学の審議過程で合議体を設置するという構想が出てきたとき、現在の国立大学協会会長である永田恭介氏（筑波大学学長）は「新機関と学長とで責任のなすりつけ合いにならないか心配だ」（『朝日新聞』二〇二二年一月一八日付）と語っている。一方で、永田氏は国立大学協会会長として二〇二三年「改正」案について強い懸念を表明しながらも、「文科相が任命する仕組みではないので、学長らの懸念はかなり払拭できていると思う」とも語っている（『朝日新聞』二〇二三年一一月二四日付）。運営方針委員の人選にあたって、学長にとって気心の知れた存在、しかも文科省の覚えのめでたい人物を選ぶならば、現状とそれほど大きな違いは生じないだろうという楽観的な観測がうかがわれる。だが、経営上の莫大な損失が生じた場合にも、そうした関係を維持できるという保障はない。気心の知れた間柄だったとしても、あるいはそうだからこそ、激しい「責任のなすりつけ合い」が生じる可能性が強い。

実は、二〇二三年「改正」案の立案過程ですでに「責任のなすりつけ合い」が発生している。ただし、運営方針委員と学長の間ではない。ＣＳＴＩと文科省の間のことである。衆議院での審議と、その後の報道から、この法案がＣＳＴＩの主導で作成され、文科省はその内容に疑問や反発を抱きながらも従っている様子が明らかとなった。

衆議院文部科学委員会では、白石洋一議員（立憲民主党）が「立法事実というのはＣＳＴＩから指摘されたから、こういうふうに受け止めました。そういうことでよろしいんでしょうか」と運営方針会議設置にかかわる立法事実の曖昧さを指摘した。これに対して、池田政府委員は「ＣＳＴＩの検討を受けて、文部科学省も一緒に参画した議論を経て、今回の国立大学法人法の具体的な制度設計を行う中で、このような仕組みになったものでございます」と答弁、白石議員はこれに追い打ちをかけるようにして「文科省としては、ＣＳＴＩから指摘を受けたと。自分たちも参加していて、じゃ、どうしてこれが必要なんですかと詰めなかったんですか」と聞いている（衆議院文部科学委員会、二〇二三年一一月一五日）。質疑の矢面に立たされるのは文科官僚だが、文科官僚もまた運営方針会議の設置に実は納得していなかったことが答弁の端々から滲み出ていた。

法案の内容そのものにも、折衷の跡が見られる。ＣＳＴＩによる合議体の構想は、学長選考・監察会議の役割と役員会の役割を兼ねる「最高意思決定機関」を設けるというものだった。選考会議については、合議体が学長選考・監督の機能をもつことになるために「廃止することが適当である」と明記していた。*16 ところが、「改正」案では選考会議は残されることになった。

また、二〇二一年の国立大学法人法「改正」に際しては、学長を監督する組織だからということで、学長自身がこの選考会議の委員となることはできないと定めた。ところが、二三年「改正」案では、運営方針会議に学長を監督する役割を認めながら、同時に、学長自身が運営方針会議の構成員となることを認めている。

おそらく文科省としては、学外者中心の運営方針委員と、学内者中心の学長・役員会の間のバッファー（緩衝地帯）のような位置づけを選考会議に与えようとしたのであろう。だが、そのために選考会議と運営方針会議の関係が不分明となった。学長への監督機関として、運営方針会議と選考会議が並び立つ状況において、両者の関係がどのようなものであるかも不分明である。

二〇二三年「改正」案のための説明資料として、図4のような組織図が参議院に提出された（「第二一二国会（臨時会）国立大学法人法の一部を改正する法律案（閣法第一〇号）参考資料」参議院文教科学委員会調査室、二〇二三年一一月）。

ところが、この図4を見ても、学長、運営方針会議、選考会議の関係はよくわからない。選

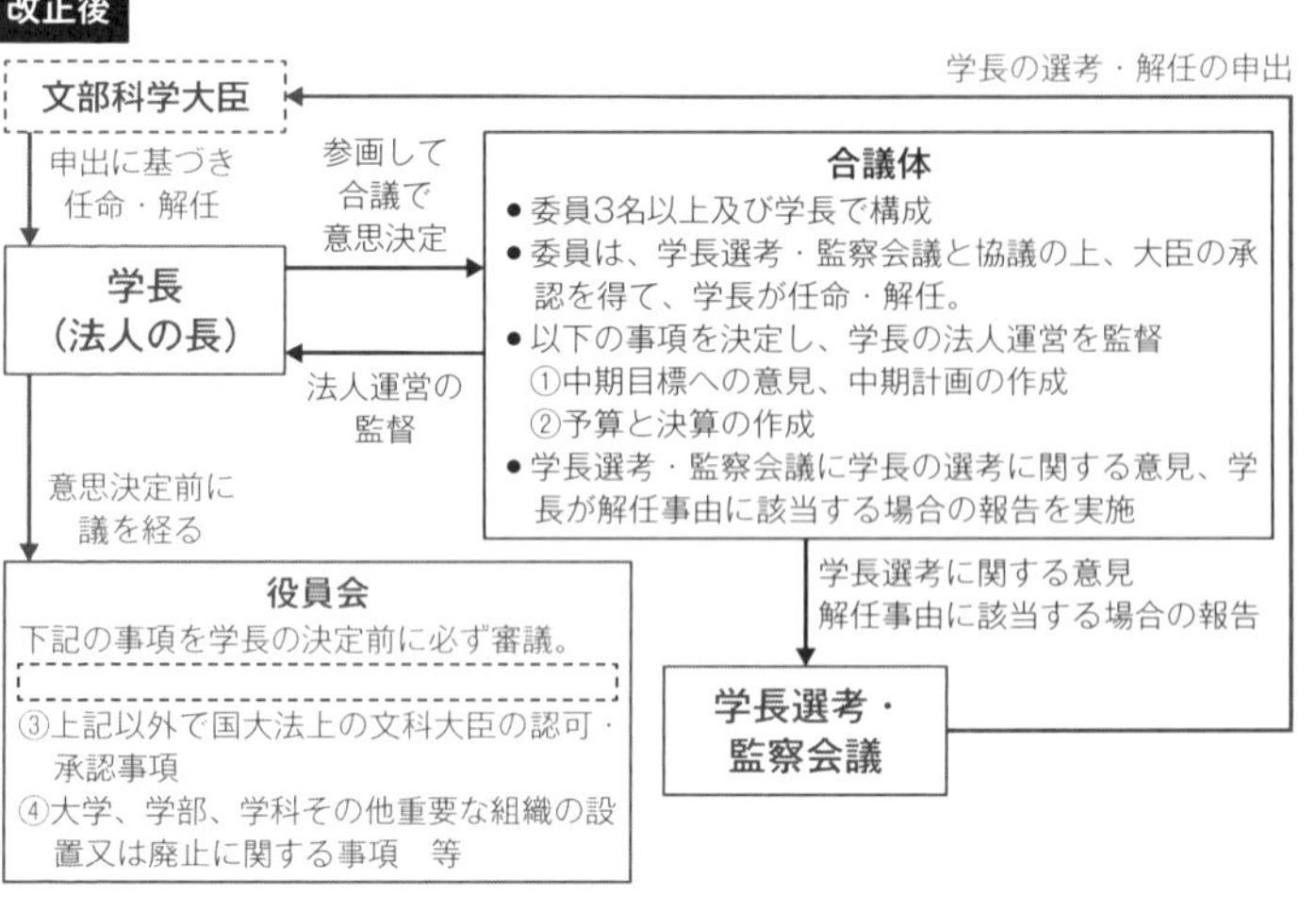

研究大学の認定に向けたガバナンス改革と国立大学法人の規制改革の具体の方向性
0907/siryo3.pdf

考会議は学長を選考・監督・解任する権限をもつ以上、上下関係でいえば学長の上に置かれるはずである。実際、これまでの図はそうなっていた。だが、この図では学長の下に置かれており、学長に向かう矢印はない。また、運営方針会議には学長も参加して重要な意思決定をする以上、選考会議は運営方針会議に対しても牽制機能を働かせることができるはずである。ところが、図では運営方針会議が選考会議に意見を述べる矢印は示されているものの、その逆の矢印はない。混乱をはらんだ制度設計がなされたといわざるをえない。

文部官僚であれば、この組織図

図4　2023年「改正」の説明資料

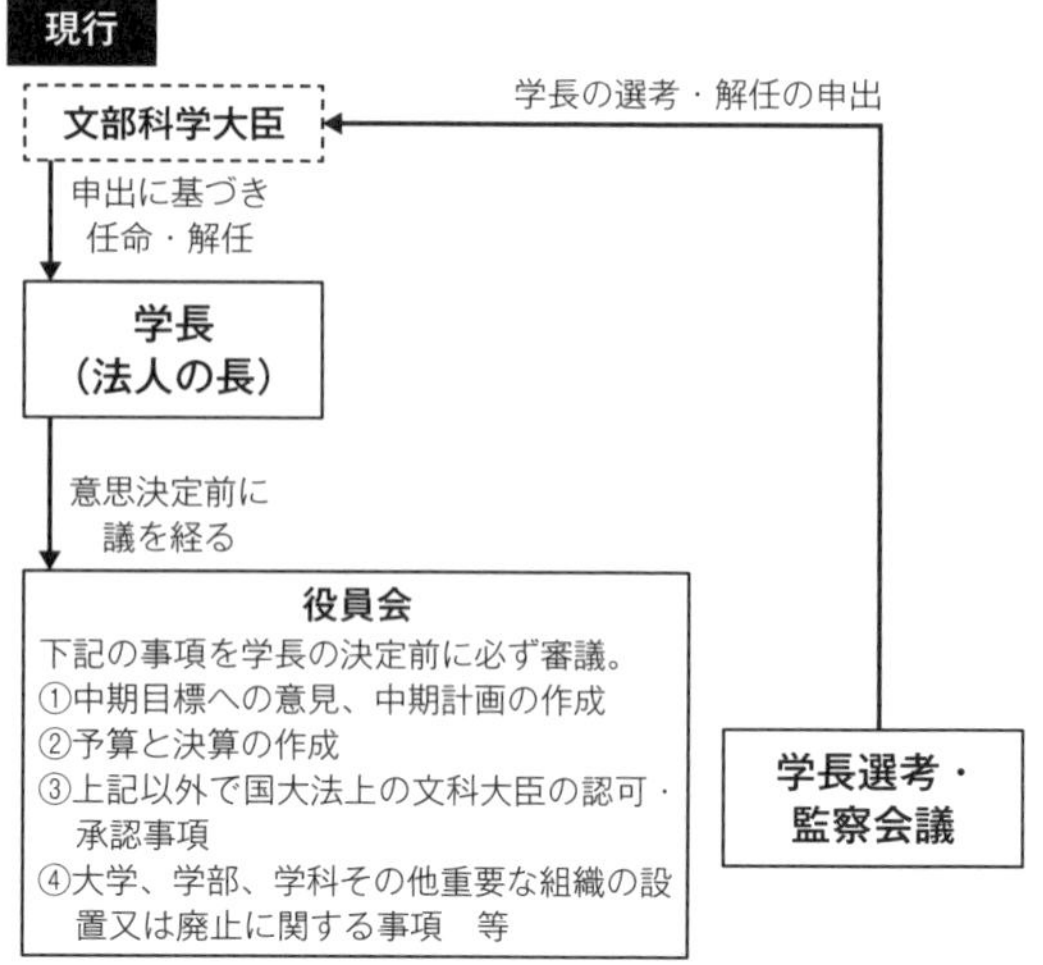

（出所）CSTI 有識者議員懇談会（令5.9.7）資料3「国際卓越について」https://www8.cao.go.jp/cstp/gaiyo/yusikisha/2023

が組織図としての体裁をなしていないことはよく理解できるはずである。『日刊ゲンダイ』（二〇二三年一一月二八日付）の伝えるところによれば、ある「文科省関係者」は、次のように語っているという。「法案は財界と経産省の意向をくみ、官邸主導で〝だまし討ち〟のように進められた。大学に関する重要事項を審議する中央教育審議会に諮られることもないまま、一〇月三一日に閣議決定され、国会に提出された」。また、山本健慈氏（大阪観光大学理事長、元和歌山大学学長）の伝えるところによれば、文科省において「法人化後の高等教育の最前線にいた担当者」が次のように語っているということである。「改正案は呆れてものが言えない最悪の法案」「国立大学は文科省所管ではなく、内閣府所管のただの法人になってしまった」[*17]。

『日刊ゲンダイ』は「官邸主導」と語り、山本氏の伝える言葉は「内閣府所管」と語っているが、ＣＳＴＩの議長が内閣総理大臣である以上、同じことである。国会質疑で矢面に立たされるのは文科大臣であり、文科省の官僚ではあるものの、自らの意思で制度設計したものではなく、官邸・ＣＳＴＩから半ば押しつけられたものだということなのであろう。したがって、原案策定過程にかかわる公文書は「見当たらない」といわざるをえず、法案の内容についてきちんと説明をすることもできない。これを政府部内における「ガバナンス崩壊」と評することもできる。文科官僚の伝えるとおり、「国立大学は文科省所管ではなく、内閣府所管のただの法人になってしまった」のである。ただし、文科省も存在していることから、法案の内容は内部矛盾をはらんだ折衷策とならざるをえないのだ。

この政府部内における「ガバナンス崩壊」は、今後、大学の内部における「ガバナンス崩壊」をさらに増幅させていくことだろう。すなわち、運営方針会議がＣＳＴＩのように「改革」の方向性を定め、学長は文科省のように必ずしも自らも納得のできていない「改革」を実行させられることだろう。そして、おそらく責任の所在を曖昧にするために運営方針会議の詳細な議事録は公開されないことだろう。強引な組織再編やリスクある資産運用に対して学内から異論や批判が巻き起こったとしても、学長はそもそも自ら納得できない「改革」をしているのだから「改革」の理由を説明することはできず、ただただ高圧的な姿勢で異論を封殺するほかない。そして、債務不履行のような重大な事態が生じた場合には、運営方針委員も、学長も責任をとらずに教育・研究・医療の現場にいる者たちに責任を転嫁し、教職員の労働条件の改悪、学生の授業料値上げなどにより、損失を補塡しようとすることであろう。こうした未来予想図が外れることを願いながらも、残念ながら現時点では「ガバナンス崩壊」への道をまっしぐらに進んでいるといわざるをえない。

「経済安全保障」による囲い込み

それにしても、自民党政権はなぜこれほどまでに強引に大学「改革」を推し進めるのか。二〇二三年一〇月末日に上程した国立大学法人法「改正」案を、臨時国会で衆議院・参議院それぞれ五時間程度の審議で成立させることがあまりにも拙速であることは、誰の目にも明らかだった。新聞各紙の社説などでも批判された（『朝日新聞』二〇二三年一一月二六日付）。

なぜこれほどまでに「拙速」だったのか？

国会審議では宮本岳志議員（日本共産党）が、軍事技術研究への動員という狙いがあるのではないかと鋭く追及した。宮本議員が指摘したように、二〇二二年一二月二六日に閣議決定された安保三文書の一つ「国家安全保障戦略」では次のように記している。[*18]

総合的な防衛体制の強化に資する科学技術の研究開発の推進のため、防衛省の意見を踏まえた研究開発ニーズと関係省庁が有する技術シーズを合致させるとともに、当該事業を実施していくための政府横断的な仕組みを創設する。また、経済安全保障重要技術育成プログラムを含む政府全体の研究開発に関する資金及びその成果の安全保障分野への積極的な活用を進める。

この文章はさらに続けて「広くアカデミアを含む最先端の研究者の参画促進等に取り組む」と記してもいる。

本書第Ⅰ部第2章で記したように、防衛装備庁による安全保障技術研究推進制度に応募した大学は少なく、採択件数はさらに少なかった。二〇二三年度までに限定するならば、旧帝大系の大学でこれに応募して採択されたのは北海道大学のみだった。一七年に日本学術会議が「軍事的安全保障研究に関する声明」を発表したところ、北大はこの声明を尊重して一八年度の研究費の辞退を申し出た。この辞退申し出の三カ月後、名和豊春総長（当時）に辞任を迫る動きが表面化、根拠の曖昧な「パワハラ」嫌疑により萩生田光一文科大臣（当時）は総長を解任した。名和氏の総長解任後、二〇二三年度に北大は安全保障技術研究推進制度に応募して再び採択された。[*19] 明確な因果連関を実証するのは困難だが、軍事研究に反対した総長を排除することにより軍事研究を復活させたと見ることもできる。

この問題は、なぜ旧帝大系の五大学法人に対して運営方針会議の設置を義務づけたのかという問題にもつながる。自民党政権は自然科学系の研究で重要な比重を占める五大学法人を巻き込もうとしているのではないか？　運営方針会議の設置を義務づける「大規模大学」という選定基準は、「総合的な防衛体制の強化」という点で重要な大学ということではないか？

実際、本格的な産・学・官・軍連携のための土台は、すでに研究費助成制度をめぐって形成されている。科研費の仕組みそのものにはさしあたり手をつけず、「経済安全保障重要技術育成プログラム」という新しい仕組みを二〇二一年度補正予算で創設したのである。

このプログラムについて第一に着目すべきは、予算規模の大きさである。内閣府の資料では、二〇二一年度補正予算で二五〇〇億円、このうち文部科学省所管が一二五〇億円、経済産業省所管一二五〇億円となっている。[20]文科省所管分については、「大学ファンド」を所管する科学技術振興機構を通じて大学、国立研究開発法人、民間企業等に研究を委託することになっている。経産省所管分については、新エネルギー・産業技術総合開発機構を通じて民間企業等に研究を委託することになっている。

どちらの場合でも、これまで研究助成事業の中核を担ってきた日本学術振興会は助成のスキームから外されている。しかも、日本学術振興会の二一年度予算において科学研究費にかかわる予算総額は二三七七億円にすぎない。科研費の総額を超える金額が、日本学術振興会を介さずに、大学や民間企業等に交付されることになったのである。国立大学の運営費交付金、私立大学の助成金など基盤的経費には財布の紐が固い財務省だが、こと「安全保障」がかかわってくると途端にゆるくなるとわかる。

第二に着目すべきことは「民生利用」以外の「公的利用」を想定していることである。内閣府の資料では、「経済と安全保障を横断する領域で国家間の競争が激化し、覇権争いの中核が科学技術・イノベーション」であるという認識を示したうえで、「研究成果は民生利用のみならず、成果の活用が見込まれる関係府省において公的利用につなげていくことを指向」と書かれている。*21 参議院内閣委員会において、小林鷹之経済安保担当相は特定重要技術開発の成果が「民間における用途のみならず、防衛省自らの判断によって活用されることはあり得る」（参議院内閣委員会、二〇二二年三月三〇日）と回答している。とはいうものの、軍事利用の意図は曖昧にされている。防衛装備庁による安全保障技術研究推進制度が多くの大学に拒否された経験を生かしてのことだろう、「関係府省」による「政府横断的な仕組み」であることが強調されている。資金の出所に着目して「軍事研究」を定義するならば、このプログラムの軍事研究としての性格は曖昧ということになる。

第三に着目すべきことは、このプログラムは経済安全保障法に定める「指定基金」の一部であり、指定基金協議会の構成員（内閣総理大臣、指定基金所管大臣のほか研究開発等に従事する者）は、特定重要技術開発にかかわる官民協議会と同様、秘密の漏洩等について厳しい罰則を科されることである。何が「軍事研究」に相当するかを見定めてその範囲を定義するのは、あくまでも政府である。何が「軍事研究」に相当するのかを研究者が自分で判断することはできない。いったん軍事目的に役立つ研究だと政府により判断されたならば、自らの意向にかかわりなく厳重な守秘義務を課される。本書第I部第4章で論じたように、特許非公開の仕組みがこうした知の囲い込みを補強することになる。

さらに二〇二四年二月に岸田政権は経済安保情報保護法案を閣議決定、民間人を含め経済安全保障上の重要情報を扱う人の身辺（犯罪歴や飲酒の節度、借金などの経済状況、配偶者らの国籍）を国が事前に調べる「セキュリティークリアランス」（適性評価）制度を導入することとした（『朝日新聞』二〇二四年二月二八日付）。同じ時期、CSTIは、特定国立大学法人法の施行規則において運営方針会議に必ず学外委員を含め、重要事項の決定には学外委員の承諾を必要とする方針を明らかにした。[*22] ここにおいて経済安保系列の動きと、卓越大学の系列の動きがあからさまに合流しはじめている。「チーム甘利」の中心的人物である橋本和仁氏や上山隆大氏が「防衛力の抜本的強化に関する有識者会議」（二〇二四年二月一六日設置）の委員に名を連ねていることも、そうした事態の流れにおいて理解されるべきことである。国立大学に運営方針会議を設置して学外委員を事実上のトップにすえることで、経済安全保障重要技術育成プログラムや防衛装備庁安全保障技術研究推進制度への申請の歯止めを取り払い、むしろ奨励できる体制を展望していると考えられる。

かくして国策に直接役立つと思われる研究については国レベル、大学レベルで囲い込み、手厚く保護する一方、それ以外の研究は手弁当でやれという研究動員体制がほぼ完成しつつある。仮に百歩譲って、専守防衛のための防衛力はやはり必要であり、そのために研究者に守秘義務を課すのもやむをえないという立場に立って考えるとしても、それを防衛省の研究所などではなく大学を通じてやるべきなのかという問題は厳然と存在する。大学の研究力とは研究の公共性・公開性を担保して、世界中の知的な世界と交流することで保たれる以上、知の囲い込みは大学の研究力を確実に殺いでいく。政府が「安全保障」に役立つ研究を振興するという旗を振れば振るほど大学の研究力は低下し、凋落した産業界の後を追うように、大学の研究力もさらに凋落していくことであろう。なぜならば、そこには研究や教育に必須の創意や自由を尊重する姿勢が欠落しているからである。

とりわけ国レベルでも大学レベルでも実質的な「ガバナンス崩壊」を起こしている現状では、宇宙・ＡＩ・バイオ等の分野で画期的な発見があったとして、それが実際に「安全保障」の強化につながるかどうかも大いに疑問である。本書で論じてきたように、「大学の私物化」という傾向を見すえるならば、「安全保障」という錦の御旗の下で軍事企業からのキックバックを獲得することをめざしているのではないかという疑問を拭うことはできない。二〇二四年七月には、川崎重工業が海上自衛隊の潜水艦乗組員らに対し裏金を使って物品や飲食代を負担していた事実が露見した（『朝日新聞』二〇二四年七月一二日付）。同様の供応は、海上自衛隊ばかりではなく、政府与党の中枢に対してもなされているのではないかと考えるのが自然である。「安全保障」に前のめりになる前に、国政を政府・与党による私物化から解放し、民主的な意思決定のシステムを回復することが不可欠なのだ。

今まさに戦争により世界が大きく分断されようとしている。だからこそ、知を囲い込むのではなく、異なる世界との対話と共存の方途を考える場として大学を再生させることはできないだろうか。ウェンディ・ブラウンの表現を借りるならば、大学とはキャリア形成のための手段であるばかりではなく、「世界――その多様な人びと、科学、言語、文学、歴史――にたいしての、はるかに広がった視野や出会いを得る」[*23]ことのできる場のはずである。

知を囲い込み、上からの大学解体を図る圧力に抗して、内部に多様性をはらんだ世界との出会いの場として大学をつくり直していく必要がある。

註

＊1　「国立大学法人法の一部を改正する法律案（案文・理由）」。https://www.mext.go.jp/content/20210303-mxt_hourei_000013162_3.pdf（二〇二四年七月一七日確認。）

＊2　「指定国立大と国際卓越研究大の中間⁉、東大・京大など対象『特定国立大学』とは」『ニューススイッチ』二〇二三年一一月二日。https://newswitch.jp/p/39112（二〇二四年七月一七日確認。）

＊3　国立大学協会会長永田恭介「令和五年度予算における国立大学関係予算の充実及び税制改正等について（要望）」二〇二二年一〇月三日。https://www.janu.jp/wp/wp-content/uploads/2021/10/20221004-news-001.pdf（二〇二四年七月一七日確認。）

＊4　「高度先端医療と感染症対策の両立で、コロナ禍でも多くの命を守る」。https://readyfor.jp/projects/kuhp-kyoto-u-pj1（二〇二四年七月一七日確認。）

＊5　「金沢大学生の一人ひとりが安心して使えるトイレを少しでも増やしたい」。https://readyfor.jp/projects/kanazawa-u-toilet（二〇二四年七月一七日確認。）

＊6　文科省高等教育局長他「長期借入金の借入等に係る認可基準についての通知文」二〇二〇年八月七日。ウェブサイトの通知文は二〇二四年三月二六日の一部改正を反映したもの。https://www.mext.go.jp/content/20240405-mxt_hojinka-000010912_2.pdf（二〇二四年七月一七日確認。）

＊7　「東京大学ＦＳＩ債（投資家向け情報）」。https://www.u-tokyo.ac.jp/ja/about/public-info/for_investors.html（二〇二四年七月一七日確認。）

＊8　「Society 5.0（知識集約型社会）への社会変革と大学の役割」財政制度等審議会、財政制度分科会、二〇一七年一〇月四日。https://warp.ndl.go.jp/info:ndljp/pid/11115809/www.mof.go.jp/about_mof/councils/fiscal_system_council/sub-of_fiscal_system/proceedings/material/zaiseia291004/03.pdf（二〇二四年七月一七日確認。）

＊9　「国立大学法人法第三十四条の二における土地等の貸付けにかかる文部科学大臣の認可基準について（通知）」二〇一七年二月二一日。https://www.mext.go.jp/a_menu/shisetu/kokuritu/__icsFiles/afieldfile/2018/11/28/1408907_5.pdf（二〇二四年七月一七日確認。）

＊10　「大阪大学債は覚悟の一歩　サスティナビリティボンド三〇〇億円起債のインパクト」。https://www.osaka-u.ac.jp/ja/guide/public-relations/newsletter/sp/nl87_special（二〇二四年七月一七日確認。）

＊11 「マーケット・レビュー　大学の土地有効活用の進展」二〇二三年一一月二〇日。http://www.tmaxv.co.jp/assets/upload/report/2023/pdf2023_1120.pdf（二〇二四年七月一七日確認。）

＊12 一般社団法人環境金融研究機構「東京工業大学、都内・田町キャンパスの再開発事業で、事業者等からの土地貸付料収入を返済原資とするサステナビリティボンド三〇〇億円発行へ」二〇二二年一〇月一三日。https://rief-jp.org/ct4/129247（二〇二四年七月一七日確認。）

＊13 「大学設置基準等の一部を改正する省令」二〇二二年九月三〇日。https://www.mext.go.jp/content/20220930-mxt_daigakuc01-000025195_02.pdf（二〇二四年七月一七日確認。）

＊14 京都市「学校跡地活用の推進」。https://www.city.kyoto.lg.jp/gyozai/page/0000188009.html（二〇二四年七月一七日確認。）

＊15 参議院文教科学委員会「附帯決議」二〇二三年一二月一二日。https://www.sangiin.go.jp/japanese/joho1/kousei/gian/212/pdf/k080212010212O.pdf（二〇二四年七月一七日確認）。

＊16 総合科学技術・イノベーション会議「世界と伍する研究大学の在り方について最終まとめ」二〇二二年二月一日。https://www8.cao.go.jp/cstp/tyousakai/sekai/kenkyudai_arikata_p.pdf(二〇二四年七月一七日確認。）

＊17 山本健慈「岐路に立つ国立大学法人」『季刊教育法』二〇二三年一二月。

＊18 閣議決定「国家安全保障戦略」二〇二二年一二月。https://www.cas.go.jp/jp/siryou/221216anzenhoshou/nss-j.pdf（二〇二四年七月一七日確認。）

＊19 「令和五年度『安全保障技術研究推進制度』応募状況及び新規採択研究課題」。https://www.mod.go.jp/atla/funding/kadai/r05kadai.pdf（二〇二四年七月一七日確認）。

*20 内閣府「経済安全保障重要技術育成プログラム（K Program）の現状」二〇二三年一一月。https://www.cas.go.jp/jp/seisaku/keizai_anzen_hosyohousei/r5_dai8/siryou5.pdf（二〇二四年七月一七日確認。）

*21 内閣府「経済安全保障重要技術育成プログラム（ビジョン実現型）」。https://www.mext.go.jp/content/20211215-mxt_kiban01-000019540_3.pdf（二〇二四年七月一七日確認。）

*22 内閣府「国際卓越研究大学に求められるガバナンス体制の方向性について」二〇二四年三月七日。https://www8.cao.go.jp/cstp/gaiyo/yusikisha/20240307/siryo1.pdf（二〇二四年七月一七日確認。）

*23 ウェンディ・ブラウン／中井亜佐子訳『いかにして民主主義は失われていくのか——新自由主義の見えざる攻撃』みすず書房、二〇一七年、二一四頁。

資料3　声明文　大学私物化に立ちはだかる人垣をつくるために

（稼げる大学法の廃止を求める大学横断ネットワーク、二〇二三年一二月一五日）

二〇二三年一二月一三日、自由民主党の議員・閣僚の未曾有の裏金疑惑が明らかになるなか、参議院本会議で国立大学法人法「改正」案が自民党、公明党、日本維新の会、国民民主党の賛成により可決されました。

この法案は、国立大学法人に運営方針会議という最高意思決定機関を設けさせることで、時の政権が大学トップの人事や運営方針に介入できるようにするものです。政財界の意を体した学外者が大学の予算・決算を決定し、学長の選考や解任に口を出すこともできる仕組みとなっています。

二〇二〇年に安倍晋三政権が検察トップの人事を左右できる法案を提出した際には「#検察庁法改正案に抗議します」というツイートをきっかけとして批判の声が高まり、法案の成立を防ぎました。この時にかろうじて検察の独立性を守ったからこそ、いま、わたしたちの目の前で東京地検特捜部による政界捜査が展開されているともいえます。

検察の独立性やメディアの独立性、中央銀行（日銀）の独立性と並んで、学術界の独立性は、民主主義を健全に保つために必要不可欠なものです。それぞれが独自の物差しにしたがって権力をチェックする機能が失われたならば、独裁国家となってしまうからです。

今回の法案は、日本学術会議へのバッシングと相まって学術界の独立性を脅かし、ひいては民主主義の解体をおし進めるものです。さらに、学生にとってキャンパス空間のもつ意味を無視して大学の土地を私企業に貸し与え、短期的な利益を見込める研究だけを「振興」することで学生の学びの選択肢を狭め、政財界による大学私物化を深刻化するものです。なにもかも経済的価値に還元する新自由主義の原理にしたがって「稼げる大学」とする試みは研究や教育を劣化させ、未来世代に大きなツケを回すことでしょう。

わたしたち大学横断ネットは、法案の成立を阻むことができなかったことに深い失意の念を抱いています。法律の改正を必要とする立法事実が明らかではないにもかかわらず、政府は法案の立案過程にかかわる公文書を断片的にしか提出せず、答弁も二転三転しました。それにもかかわらず、参議院文教科学委員会の委員長（自由民主党）は職権で委員会の開催を決定し、採決を強行しました。肝心な疑問には一切答えずに政府・与党が法案の成立を強行したプロセスそれ自体、民主主義が瀕死の状況にあることを象徴しています。

同時に、わたしたちは、この法案の危険性を訴える活動のなかで、希望を感じることもできました。野党議員はわたしたちの訴えに真摯に耳を傾け、委員会での議論に生かしてくれました。各大学の教職員組合は個別労働案件への対応に追われているにもかかわらず、法案反対の声明を発するなど大学にかかわる公論の担い手でもあることを示しました。議員会館で開催した院内集会にはのべ二〇〇人を越える市民、学生がつめかけてくれました。学生たちは自ら法案にかかわる研究集会を開催し、路上での呼びかけを行うことで、わたしたち大学教員中心の運動の限界を突破してくれました。

大手テレビ局が委員会採決の日まで報道に消極的だったのは残念でした。ですが、フリーランスを含む記者の方々、インターネット報道番組の担い手、SNSでわたしたちの発信をフォローし、Change.orgでのオンライン署名に賛同してくれた人たちが、それぞれのやり方で問題を広めることに協力してくれました。

わたしたちの目標は、単に法案の成立を阻止することではありません。廃案を求める声を一緒にあげてくれた市民、学生、教職員、野党議員とともに、公共財（コモンズ）として大学を再生させる筋道を考え、民主的な方法で具体化していくことです。

わたしたちは、大学と民主主義の再生をあきらめてはいません。いままでこの法案のことを知らなかった人は、まず参議院本会議での反対討論（立憲民主党古賀千景議員、日本共産党吉良よし子議員それぞれ一〇分）に耳を傾けてみてください。いかに問題だらけの法案であり、いかに問題だらけの審議経過であったかがわかるはずです。ショート動画では指宿昭一弁護士が大学自治の侵害は戦争動員への地ならしだと警鐘を鳴らし、前川喜平元文部科学事務次官が教育の世界を席巻した新自由主義と国家主義が大学にまで浸透すると市民社会の土台を崩壊させてしまうと語っています。余裕があればわたしたちのブログでの「関連報道等リンク集」「国立大学法人法『改正』関連動画再生リスト」を確認し、法案の問題点を記した記事を読んでみてください。

政府・与党は、大学の私物化をより完全なものとするために、これからも次から次へと大学の管理統制を強化するための法案を出してくることでしょう。ですが、横暴な大学政策に抵抗する人の輪も、確実に広がってきています。相互にゆるやかにつながりながら、イザという時に自民党政権による大学私物化に立ちはだかる人垣を一緒につくりたいと思います。問題だらけの法案が可決されてしまった失意の中で起草したこの声明文が、人垣のさらなる広がりの起点となることを願っています。

大学横断ネット（「稼げる大学」法の廃止を求める大学横断ネットワーク）呼びかけ人一同

呼びかけ人（二〇二三年一二月一四日現在）
石原俊（明治学院大学）、指宿昭一（弁護士）、遠藤泰弘（松山大学）、隠岐さや香（東京大学）、河かおる（滋賀県立大学）、駒込武（京都大学）、光本滋（北海道大学）、吉原ゆかり（筑波大学）、山田幸司（北海道大学）、米田俊彦（お茶の水女子大学）

＊院内集会で発言された議員のお名前をここに刻んでおきたいと思います（あいうえお順、敬称略）。
院内集会（一一月一四日）…吉良よし子（日本共産党）、白石洋一（立憲民主党）、舩後靖彦（れいわ新選組）、宮本岳志（日本共産党）、柚木道義（立憲民主党）、吉田はるみ（立憲民主党）、蓮舫（立憲民主党）。
院内集会（一二月五日）…菊田真紀子（立憲民主党）、吉良よし子（日本共産党）、福島みずほ（社会民主党）、舩後靖彦（れいわ新選組）、宮本岳志（日本共産党）、柚木道義（立憲民主党）、吉田はるみ（立憲民主党）、蓮舫（立憲民主党）

第II部

根腐れする大学——京都大学における内部観測

第1章　京都大学でいま、何が起こっているのか

──藤原辰史さんとの対談

〈解題〉藤原辰史さん（京都大学人文科学研究所）との対談。二〇一五年七月、「戦争は、防衛を名目に始まる」という言葉で始まる声明書を発表して以来、「自由と平和のための京大有志の会」として軍事研究の推進に反対する声明を発してシンポジウムを開くなどの活動を行なってきた。

この対談では、京都大学当局の方針に異議を唱えると、学生も、教職員も、市民も「クレーマー」扱いされる大学のあり方に焦点をあてて語り合った。ここで取り上げたトピックのうち、京都大学吉田寮問題については第II部第2章、職員の労働問題については第II部第3章、琉球民族遺骨返還問題については第II部第4章に、関連する文章を掲載した。（初出：二〇一九年一〇月）

一九一三年の建設以来一〇〇年を超える歴史をもつ、京都大学の学生寮「吉田寮」。近年激化していた大学と寮自治会との対立は、ついに二〇一九年四月二六日、大学当局が寮の明け渡しを求めて学生を提訴するという最悪の展開を迎えた。

そのおよそ一カ月前、京都大学は、別の訴訟の被告席に立っていた。戦前、京都帝国大学教授が沖縄から持ち去った琉球人の遺骨の返還を求め、京都大学を提訴したのである。大学当局は「当時合法的に持ち去った」という立場を崩さず、争う方針を示している。

二つの件を貫く大学執行部の強硬姿勢。「自由の学風」を標榜する京都大学で今、いったい何が起こっているのだろうか。

二〇一五年、安保法制反対を訴えて結集し、さまざまな問題に声をあげつづけている「自由と平和のための京大有志の会」創立期からかかわってきた二人の京大教員に話をうかがった。

これは、一大学にとどまる問題ではない。岐路に立つ大学が、「生きる場所と考える自由」(「有志の会」声明書より)を守り抜くことができるか、その根本的なあり方が今、問われているのである。

(聞き手：『世界』編集部・渕上皓一朗　二〇一九年八月一八日)

「信頼」の消えたキャンパスで

――まずは吉田寮問題について、あらためて、対立の論点を教えていただけないでしょうか。

駒込　大学当局が求めているのは、老朽化した現棟（旧棟）の明け渡しです。しかしそもそも今年〔二〇一九年〕二月の段階で、吉田寮の自治会は、四年前に建てたばかりの新棟に移ってもよいという方針を表明しています。ですから、その段階で争点は消えたはずで、本来、裁判になる余地はなかったのです。

しかし大学側は、新規入寮生の選考など、寮自治会が長年築いてきた慣行をやめることを、新棟に移る条件として突きつけてきました。寮自治会側はもちろん受け入れられないから現棟に残るしかない。それで訴訟に至ったわけです。

つまり、当初は老朽化した現棟に居住する学生の「安全確保」のためだった明け渡し要求が、いつの間にか寮自治の慣行そのものが不当だと、論点が動いてしまっている。ですから大前提として、大学側の主張は矛盾だらけです。

藤原　私は、この話がここまでこじれた原因として、二〇一五年に当時の杉万（すぎまん）〔俊夫〕副学長と吉田寮自治会との間で結ばれた団体交渉（団交）継続の約束を、大学側が一方的に破棄したことが大きいと見ています。これで学生側の決定的な不信を招いてしまった。

駒込　現在の厚生補導担当副学長である川添信介氏は就任後、そうした寮自治会との約束について「半ば強制されたものであるからその内容に拘束されることはない」という見解を表明しています。

　これに対しては二代前の総長である尾池和夫氏がインタビューで、自らの団交の経験もふまえて批判しています。学生と積み重ねてきた約束を、「半ば強制的に結ばれた」として反故にするのは、「歴史の書き換え」だと。とても重要な批判だと思います（広瀬一隆「京都大吉田寮問題とはなにか――大学自治の行方」『SYNODOS』二〇一九年七月一六日）。

藤原　五月二四日、山極壽一総長も含む執行部と、教員の有志で、吉田寮問題について意見交換をする場をもちました。駒込さんも私も参加しました。

　そこで彼ら執行部がいうのは、第一には、「時代が変わったのだ」ということです。団交などをしている時代ではない、と。歴史研究者からするとびっくりしますよね。時代が変わったから植民地がなかった、とか、何とでもいえてしまう。

　もう一つ気になったのは、「暴れている一部の寮生」と「普通の学生」がいるのだ、という認識が垣間見えたことです。

　確かに抗議に参加するのはあくまで一部かもしれません。でも、個別に学生と話せば、学生たちはそうした場を求めているし、そこで発言することが彼らにとって大きな学びの場になっている。それはたぶん、私たち教員が教えている講義やゼミの場で学ぶこととは全く違うことだと思います。執行部のような「大人」と交渉することはもちろん、交渉のためにビラをつくったり、広く市民に問題を知ってもらいたいと考えて立て看板をつくったり……。こうした行為にこそ、これから社会とどう向き合っていくかという、大学で学ぶべき根源的な何かがあるはずなのです。でも、大学当局はそういうことに「危険」「過激」とレッテルを貼り、学生全体を過剰にクレンジングしようとしています。

駒込　団交が一つの学びと信頼醸成の場だというのは、教員にとっても同じことです。尾池元総長も先ほどのインタビューで、団交で学生との一種の信頼関係が培われたと述懐されています。

団交の場で多数の学生に囲まれると、教員は倒錯した「被害者意識」をもちがちです。私も教員として矢面に立たされた経験がありますから、わからないではないですが、学生の真剣な訴えから学ぶところもありました。

藤原　その「被害者意識」が本当に強いですよね。しかしそこには、前提として、自分たちがお金も権力ももった強者であるという自覚が根本的に欠けています。給与も安定的地位も、学生に対する処分権までももっているのに、悪い意味で学生と「対等」に立ってしまっている。大学における教員がどのような立場にあるか、基本的な認識が欠落しています。

駒込　同感です。二月に教員有志が吉田寮問題解決に向けた緊急声明を出したとき、賛同してくれた二〇〇人近い学生のなかに、こういう声もありました。自分は寮生ではないし、吉田寮が取り壊されても自分の生活には何の支障もきたさない、しかし今の大学のやり方は異常で、その「異常なやり方にはNOを突きつけうるという立場を示す」ために賛同の声をあげる、と。しかし、大学当局の「一部の過激な学生が騒いで、われわれは脅かされている」という認識は強固ですね。

その「被害者意識」とかかわって、五月の会談で総長が、重要な発言をされた。学生の対応にあたっている職員が学生の言動によって心身を病んでしまっている、というのです。私は、教員の一員として看過できないから、具体的な事例について匿名でもよいから教えてほしいといいましたが、一カ月後総長室から回答拒否と通知された。理由の説明もありません。総長は、職員が被害にあっていると信じているのでしょうが、それは具体的な裏づけをもっていたものでは、おそらくない。尾池氏も指摘するように、総長にちゃんとした情報が上がっていないのではないかと、心配になります。

藤原　被害者意識が、学生との回路を閉ざし、さらに被害者意識を募らせていく悪循環ですよね。

京都大学は確かに学生の話を聞くポーズは見せている。たとえば京都大学のホームページには「学生意見箱」という学生の意見を投稿するシステムが導入されています。これは、今の執行部の肝いりで始まった制度で、彼らはこれを「対話」のツールだと思っている。

でも、大学当局の回答をよく見ると、「さまざまな角度から検討を進めていきます」「ご意見ありがとうございます」と、いかにも官僚的な回答に終始するものが目につきます。

これ、まさに巷（ちまた）の「カスタマーサービス」で見かけるものですよね。

大学の主人公が学生であるという基本を踏み外している。本来学生が大学で勉強し、教員はそれを未来につなぐためにお手伝いをする存在です。今の京都大学の主人公は、それこそノーベル賞を受賞するようなスター研究者で、学生は、そこにお金を払って来ているお客さんという形になってしまっている。

駒込　オンラインでの窓口はつくるけれども、学生と面と向かって対話する機会は設けようとしない。いわば「クレーマー」扱いですよね。

藤原　そうしたカスタマーサービス的な対応は、売り手と買い手の向き合い方であって、人間と人間の向き合い方ではない。「言葉」を生命とする場での信頼関係が根本的に損なわれています。

人間と人間がいれば必ず違和が発生します。絶対に受け入れられないようなことでも、共存していかねばならない。それが社会というものですよね。そのためには、言葉の往復が必要です。「今後努力して参ります」という確約のない未来形の表現にあるのは、一方的な意思表明だけです。これでは対話になりません。

ガバナンス改革がもたらしたもの

駒込　こういう大学当局の姿勢は、他のさまざまな件にも貫徹しています。

藤原　たとえば今年の大学祭（November Festival）で、「飲酒全面禁止」の通告が出され話題になりました。確かに、大学のさまざまな場面で、急性アルコール中毒で亡くなる事例が報告されていて、こういうことは絶対にあってはならない。でも、それに対して大学からの一方的な要請という形をとったことで、ここでも大事なものを損ねてしまった。

駒込　この件でも、大学当局のコミュニケーションに重大な問題がありました。学生が運営する大学祭事務局によれば、大学側から口頭で、全面禁酒をしないとグラウンド等の設備貸し出しをしないという説明を受けて、全面禁酒に踏み切った。しかし大学広報部は取材に対し「学生が自主的に決定したものですので、大学として特に回答することはありません」と答えています。びっくりしました。

藤原　本来、お祭りで酒をどう扱うか、実効性のある措置や体制については学生との協議で、良い方向を模索していけばよい話です。そういう大事な学びの場が、訴訟や社会的批判の芽を先回りしてつぶしておこうという、大学当局のリスク管理の文脈にすべて回収されてしまう。

駒込　この発想は、究極的には大学の責任逃れです。少し考えればわかるとおり、学内で禁酒したとて、一歩外に出ればいくらでもお酒は売っていますから、飲酒をめぐるトラブルがこれで防げるわけではない。でも大学当局からすれば「できることはした」という逃げ道が確保されていればよいということなのでしょう。

これに限らず、学生自治を管理下に置こうとする主張は蔓延しています。『世界』二〇一九年五月号で大学自治が特集されていて、あとで触れる大学史家の寺﨑昌男氏の対談など良い記事もありますが、一方で一橋大学の学生寮を扱った論考は、こうした陥穽に落ちている。この論考では「深夜奇声を上げること」と、「火災報知機を破壊すること」という、位相の異なる問題を等しく「学生のガバナンスの欠如」の事例として扱っています。だから、学生自治には管理が必要なのだと。

もちろん、器物損壊のような刑法上の問題は、事実だとすれば法的ルールに則って処理すべき。でも、そうでない問題をも混同して、あらゆるリスクを先取りし、予防的に規制を強め、当局が管理する「自治」にしようとしている。当局が関与することで寮費が値上げされる事態も各地で生じています。

大学執行部としては、誰が出入りしているのかもよくわからない自治寮の存続は怖いことなのでしょう。でも、管理者はその不安に「耐える」必要があるのだと思うのです。寛容（トレランス）には、耐えるという意味もあるのですから。

藤原　京都大学は、タテマエ上「自主自立」ということを理念として訴えています。学生の自主的な学びや柔軟なアイディアを重視すると。それがないと学問の発展はないのだと。山極総長は特に、今までの総長のなかでも特にそういうことを理解し、強く訴えておられます。

でも、大学が今やっていることは、狭い掌の上に学生の動きを制限して、そのうえでの自主性を許可しているにすぎない。京都大学の理念に共感して入学した学生に対する裏切りだと思います。

山極総長は、財務省が主導する「大学改革」や、いま急速に推し進められつつある軍学共同研究にいち早く反対の声明を出されるなど、大学の自由を守る旗手として堂々と発言し支持を得ています。なのに、学内に対しては学生の規律化を強硬に推し進める。なぜなのでしょうか。

駒込　学生を意思決定の主体として信頼していない。吉田寮の場合は「特定の学生」でしたが、飲酒については「全員」ですよね。

ただ、もっと構造的な問題もあるのではないかと思うのです。ご存知のとおり、いま日本政府は、大学に対して、さまざまな予算措置と引き換えに、トップダウン型の強力なガバナンスへの「改革」をしきりに要求しています。京都大学でも、一〇人程度のごく少人数の理事による役員会で重要な意思決定がなされるようになり、トップから部局長会議、教授会という下部の合議体に降りて、そこでの議論をまた吸い上げていく、という回路がほとんど消えてしまった。

その一見迂遠な過程で、意思決定にあたる上層部と現場で学生に接する教員の「温度差」みたいなものが、相当に中和されていたのだと、今になって思うのです。上層部で、いろんなものを背負ってすごく煮詰まったなかで苦しい意思決定をしなくてはならない。いわば高熱状態ですよね。一方われわれは寒々とした現実を生きている。両者が攪拌されないなかで、私から見れば中枢部の意思決定がどんどんファナティック（熱狂的）になっていく。まるで、九〇度のサウナで窓を締め切って汗だくで苦しんでいるようなものです。山極総長は「窓」を開いて外の風を吹き込ませることの大切さを説いていますが、その言葉とはうらはらにますます閉じこめられていくような構造のなかにあるように見えます。総長個人のパーソナリティに還元できる問題ではない。

歴史修正主義の先頭に立つ大学

――尾池元総長の、大学が「歴史を書き換えている」という批判は重要です。というのも、いま京都大学が、まさに「歴史」に関する二つの大問題の矢面に立っているからです。その一つが琉球人骨問題です。

駒込　琉球人骨問題とは、京都帝国大学の人類学者が、沖縄の今帰仁（なきじん）村の風葬墓から持ち出した二六体の人骨について、京都大学が情報開示と返還を拒否している問題です。松島泰勝氏（龍谷大学）や今帰仁の祭祀承継者の方々が遺骨返還と損害賠償を求めて提訴しています。

問題は、二〇一七年四月に松島氏が京大博物館に、人骨の収集経緯や所蔵状況の確認を要請したことに始まります。私が仲介役をしましたが、驚くべきことに、京都大学は一切の回答を拒否しました。

それで松島氏は山極総長宛の要請書を携えて、大学本部棟に行った。それに対して京大は、総長に取り次ぐどころか、今後一切キャンパス内に立ち入るな、と門前払いにした。大変に屈辱的な対応です。このままではいけないと思って、松島氏も招き、遺骨問題に関する連続学習会を京大で開催していますが、解決の糸口は見つかっていません。

藤原　そもそもこの大学は、京都〝帝国〟大学として始まった。そのことは今の京大がいかなるものであれ、変えようがない。帝国大学における知の中心にあり、その境域は朝鮮、台湾、樺太、南洋群島など、日本の勢力圏全体に対する学知をはぐくんでいた。人骨も、その文脈のなかで研究利用されていた。

私はナチズムを研究していますが、私のいる人文科学研究所の前身の一つは「独逸文化研究所」で、同盟相手であるナチスの文化の研究も行なっていた。今も資料が大量に眠っています。植民地支配にともなって知が収集され、その知が植民地支配に還流されていた、その拠点の一つが京都帝国大学だったわけです。

そうした歴史的な負の遺産を無視して、今の「綺麗な」京都大学の姿だけを社会に向けてアピールすることは、端的に欺瞞ですし、そもそも無理があります。それだけでなく、そこから目をそらしてしまうと、今の大学の研究がどんどん薄っぺらくなってしまう気がするのです。

駒込　八月六日に京都大学職員組合として行なった山極総長との面談では、遺骨問題について京都大学を厳しく批判する三月二二日付の『京都新聞』社説を挙げ、大学として誠意ある対応を提言しました。

山極総長によれば、日本人類学会が七月に京都大学に要望書を提出しているとのこと。この要望書では、琉球人骨を「古人骨」としたうえで、地方公共団体の管理下に「国民共有の文化財」として継続的な研究利用を可能にすべきであると述べています。しかし日本人類学会会長である篠田謙一氏（国立科学博物館）の論文を読んだかぎり、問題の人骨を「古人骨」とみなすべき根拠は示されていない。のみならず、遺骨というパーソナルな記憶にかかわるものを「国民共有の文化財」としてしまえる法的・倫理的根拠も不明確です。篠田氏は、「ヤポネシアゲノム・プロジェクト」という巨大な研究計画に参加し、言語学者などとも協働しながらDNA鑑定を用いた研究を進め、新たな「日本人起源論」

を立ち上げようとしている……。沖縄や奄美の人びとの骨がそのために利用される。まさに植民地的知の再生産ではないかと感じます。

藤原　自分の立ち位置に無自覚であるとしか言いようがありません。歴史が消されることで、現在進行形の研究が、反省をともなわない表面的なものになってしまうことを如実に示しています。

駒込　学内には、「遺骨収集を禁ずるのは今の価値観であって、当時の価値観では許されていた」と公言する研究者もいるそうです。でも、板垣竜太氏（同志社大学）の研究によれば、遺骨収集プロジェクトの中心だった京都帝国大学医学部教授の清野謙次は、本土では地方人士の反感が強いうえに刑法で墳墓を発掘して屍体を見ることを禁じる規定もあるので、積極的な発掘は無理、と書いています。だからこそ、奄美や琉球で大量の遺骨を奪ってきた。遺骨収集の問題性は当時から十二分に自覚されていたのです。

――ほかにも、京都帝国大学が学位授与した研究に、満州七三一部隊の人体実験結果が用いられた疑惑が浮上しています。

駒込　実は、遺骨問題と七三一部隊の問題は、きわめて直接的にリンクしています。七三一部隊の中心にあった石井四郎も、遺骨収集にあたった人類学者・金関丈夫も、どちらも清野研究室のプロジェクト・メンバーでした。遺骨収集は清野の主導で進められ、のちに清野自身も七三一部隊に参与していきます。

問題となった論文は、「イヌノミのペスト媒介能力に就ての実験的研究」というもので、清野研究室の平澤正欣が書いたものです。論文では、病原菌をもつノミにサルの血を吸わせたところ病気が感染し、サルが発熱し頭痛を訴えた、とされています。しかし、いったいどうやってサルの頭痛を測定したのだろうか。西山勝夫氏（滋賀医科大学名誉教授）らはその点を疑問視し、七三一部隊での人体実験に基づく論文ではないかと推定しています。

西山氏らは、学位授与の検証を求める要望書を出したわけですが、二〇一八年七月の時点で大学の担当副学長は、「深く受け止める」「過去を変えることはできないが、未来に生かすようにしたい」と前向きに述べていました。しかし、今年〔二〇一九年〕二月、予備調査の結果、サルが頭痛を訴えるという近年の調査もあるので何の問題もない、本調査を行なう必要はない、という結果になった。再度の異議申し立ても却下されてしまいました。

この「手のひら返し」の背景は、よくわかりません。どうやら「研究倫理」よりも「コンプライアンス」の問題とみなされ、「研究倫理」担当の副学長から、文科省から出向してきた「総務・労務・人事担当」の副学長に実質的な所管が変わったようなのです。学術そのものが研究内在的なロジックではなく、「リスク管理」「クレーマー対応」のロジックで「処理」されてしまっているように感じます。

藤原　言葉もないですね……。話の前半で触れたような、大学運営に対する当局の姿勢が、学問そのものの姿勢にまで悪い影響を及ぼしはじめている。もうそういう局面に入っていると思います。京都大学の、歴史に対するきわめて不誠実な姿勢が明るみになってしまった。

駒込　本当にいろんなことがつながっていることに気づきます。

今年四月に、理事肝いりで「アジア人文学の未来」という全学シンポジウムが開催されました。でも、そこでの「アジア」とは何だろうか。足元を見れば、吉田寮には大勢の留学生が居住してきました。研究生や聴講生などの非正規生は留学生向け宿舎への入居が難しく、民間のアパートにも入れない。でも、吉田寮なら安い寮費で住め、身元保証もしてもらえる。一種のセーフティネットになってきたわけです。しかもその延長で、さまざまな形で「アジア」とつながるハブにもなってきた。先日も、吉田寮訴訟の口頭弁論の日の夜に開かれた集会で、香港からの留学生がデモの現状を報告していました。下から盛り上がっているこうしたエネルギーを押さえつけておいて何が「アジア人文学」だと呆れるばかりです。

藤原　実際、そのシンポジウムに参加した人によると、京都大学が過去にアジア諸国で何をしてきたかという歴史的な視点が抜け落ちていたそうです。「アジア人文学」を打ち上げることは大事なことだし、アジアのなかの日本、アジアのなかの京都という視点は今の学術的行為で重要なことです。ですが、その視点に立つというのは、京都大学がアジアで過去何をしてきたか、全部洗い出していくなかで初めて可能なことだと思うのです。

新自由主義で喪われたもの

藤原　こうしたことにみんな危機感はもっているはずなんだけど、分断されていて、声をあげにくくなっています。

駒込　教員については、多忙化もありますが、声をあげることで部局の予算やポストを縮減されるのではないかという恐れも蔓延しているようです。

藤原　そんなことはない、とここで明言しておきますね（笑）。われわれに直接的な被害は、今のところ生じていない。

駒込　ただ、大学職員の状況は深刻です。吉田寮と当局の関係が悪化するなかで、実は、その状況を憂慮していた大学職員が何人かおられたのです。職員の方は、現在の大学当局が「過激」とレッテル貼りをするような学生たちと実際に言葉を交わすなかで、その実態をよくわかっていました。たとえば、寮生たちがイデオロギーではなく純粋に寮の存続について考えている、とか。しかし、そうした職員が、この数年の間で、関連する部署からみな飛ばされ、人がすっかり入れ替わってしまった。

構造的な労働環境の問題も大きい。この八年あまりの間に正規雇用は一〇〇人近く削減される一方、派遣労働者が四倍以上になっています。一般的な非正規職員は五年で雇い止め、派遣職員は三年で入れ替わりますからノウハウが蓄積されず、正規職員の負担が膨れ上がり、残業が増えています。派遣を含む非正規職員の人たちの年収はおおよそ二〇〇万円台ですから、生活の基盤を築くことさえ難しい。その大半が女性です。

藤原　大学が、スマートで合理的な経営体になることだけに汲々とした結果、殺伐とした空気が蔓延し、かつてのように職員が学問に関心をもてる状況から遠ざかってしまっている。大学に誇りさえもてない職場になりつつあります。

駒込　しばしば、大学は市民社会から浮いている、という批判がなされますが、むしろ、市民社会の最も酷薄な部分だけが大学の内側にどんどんと浸潤してきていて、それまでの共同体的なあり方を掘り崩してしまっています。

吉田寮について、副学長の川添氏は、「学生の安全確保」だけでは説明にならないと記者会見で問い詰められた際、「支払うコストによって、受けられるサービスは違って当然と理解している」と答えました。つまり、正規の学生と非正規の学生では、待遇が違って当然という発想です。まさに新自由主義的な「自己責任」の論理です。ここでも非常に悪い意味で、市民社会の論理が浸透してしまっている。

「オモロ」さの原点へ

駒込 もちろん、厳しいのは京都大学だけではない、国立大学でもっと過酷な大学はいくらでもあるでしょう。もっといえば、大学以外で、非正規労働で苦しんでいる人は大勢いる。労働現場でのさまざまな差別や格差、外国人や女性への差別だっていまだに蔓延している。

どうしたらそうした差別と格差に満ちた現実を変えられるのか、それを考えるのが大学のはずなのに、その大学の土台が新自由主義で根腐れしつつある。

藤原 本来、こうした問題に対し意見を表明することは誰にでもできるはずですよね。でも、こういう問題が自分の研究とは無関係だという規範が、何となく内面化されつつあるかもしれません。これが、われわれの学知のあり方と根底で結びついているという感覚が薄い。

駒込 本当に、深い意味で「学問」が問われていると思います。いくら言葉でもっともらしいことをいっても、腐った土台の上では何もできない。差別や格差を真に対象化できる知は、差別や格差を当然視する現実のなかからは生まれない。

藤原 その意味では、いま京都大学は岐路に立っているのですね。あらかじめクレンジングされた、儲かる商品的研究を続けていくのか、それとも「地球社会の調和ある共存」という一見ワケのわからない、でも京都大学の学的伝統や誇りと結びついたスローガンに正面から向き合い、人間の嫌らしさや、人間社会が体験してきた負の側面をふまえた、いまだ見たことのないような学問をめざすのか。

駒込 「大学の信用」が「稼げる」ということになってしまっている。でも、「大学」を支える社会的信用は、もっと身近にあるものだと思うのです。

大学当局は「『ステークホルダー』に責任をもつ」というお題目を唱えていますが、学生や吉田寮に集う市民が「ステークホルダー」だという認識にはなかなか至らない。

吉田寮では市民向けにいろいろな催し物をやっていて、市民の表現を借りれば「京大の縁側」のような役割を果たしてきた。案外、「大学の信用」をつくってきたのはこういう場所だと思うのです。

藤原　理事会の顔ぶれを見ると、「ステークホルダー」というのが「財界」であることが如実に現れています。でも、本来であれば、京都大学の近くの保育園の園長さんとか、商店街の世話人とか、京都の労働組合の委員長とか、そういう「ステークホルダー」を選んで経営に参加してもらってよいはずです。そうなって初めて「社会に開いた大学」になる。

駒込　やたらと市民講座をやることだけが「開かれた大学」への道ではないわけですよね。「有志の会」のメンバーでもある石井美保氏が、こういうことを書かれています。「路地的なるものを排除しながら、多額の宣伝費を使って『おもろい京大』が喧伝されている。お客様としての未来の学生たちに対して。管理する側にとってややこしい、薄暗い、危なっかしい要素を排除して」。

藤原　でもね、「オモロ」さということでいえば、語弊があるかもしれませんが、「有志の会」での活動こそ、けっこう「オモロ」いんですよ。

住民の方たちと小説や哲学書を読み、琉球の人骨問題や七三一部隊のことを考え、そうこうしているうちに吉田寮を通じてコミュニティの問題を考え、立て看板というメディアが社会とどうつながっているかを考える。リアルに家族以外の人とつながって、どう共存していくか。

一つひとつは具体的で小さいことですが、でもこうしたことを京都の住民と考えることは、本当にスリリング。これこそ今までにない「地球社会の共存」のための新しい知を生み出すことにつながっていると、大げさでなく信じています。

今めざしている京都大学の方向だと、ある時点でポキッと折れて、崩壊してしまいますよ。失敗とか、リスクとか、そういうことをいったん懐深く受け入れられていく場所がないと、次のイノベーションなどはありえないですよね。

駒込　マクロな課題として、ＯＥＣＤ加盟国三四カ国のなかで、教育費への公的支出は日本が最下位だということがある。全体として教育にかける予算があまりに足りない。新自由主義的改革が、予算の削減を正当化しています。

対してわれわれは、藤原さんが見事に範を示しておられますが、たとえば学校給食のような今日の生活上のリアルな問題を、歴史的に掘り下げるような新書を書くなどして、自分たちが生み出している知を、文科省の認めた認証評価機関ではなく、社会に直接的に語りかけていく努力をしないといけないと思います。そして、大学のなかに、吉田寮のような面白いことができる場所、楽しい場所があるのだとアピールしていくことも大事です。これこそが、文教予算に対する責任の果たし方だと思いますし、大学の社会的信用を高めていく道筋です。

藤原　国にしたって、自分たちをちゃんと批判する存在をしっかり確保していないと、また大きな過ちを犯しますよね。批判者たちをちゃんと守るためには、そこに自治が機能している必要があります。今日の話の、重要なキーワードですよね。

ここでの自治とは、堅苦しい意味ではなく、自分たちで規格外のアイディアをどんどん出し合って面白いことを編み出していく場所です。それがないと、健全な批判者は生まれない。

最初に団交のことが話題になりましたが、われわれ教員にとっても、学生からの批判ほど堪えるものはない（笑）。学生が自由に自己決定しているからこそ、学生は自由に教員を批判できる。それが教員にとっての気づきにもなっているし、お互いを高め合う契機になっている。自治というものがもつ可能性ですよね。

駒込　学生自治会、寮自治会、教授会、職員組合、さまざまな自治的な集団が大学のなかにあって、それぞれが相互に協議しながら折り合っていけるシステムを考えねばならない。『世界』五月号の特集で寺﨑昌男氏が、「学内における公」と表現されています。具体的な制度設計のデザインは難しいですが、この対談で言及されている教員、職員、学生による

「協議会」制度は一つのモデルです。

藤原　本来は、近隣の市民の代表も交えて意思決定されるべきですよね。

駒込　同感です。そうした意思決定機関がないままに今、大学当局が原告・被告として紛争の当事者になってしまうと同時に、学生に処分を下す裁判官の役割をも果たしてしまっている。非常にいびつですよね。

大学の外にある「公」、それこそ京都市長や内閣総理大臣が体現するような「公」とは違う形で、大学の内部で公共的な問題を論議できる仕組みを求めていかなくてはいけないと思いますね。

藤原　参照基準を安易に大学の外に置くことは、大学を開くどころか、かえって大学を閉じることになります。

駒込　そして単に新自由主義と排外主義の波に大学が呑みこまれてしまう。メディアも教育も半ば制圧されつつあるなかで、それを問い返すことができるのは学問とアートなのかもしれません。制圧に抵抗しうる仕組みと思想をどう考えていくか、問われています。

藤原　「あいちトリエンナーレ」の件が象徴的ですね。その意味では、いま京都大学が現在進行形で「学問の不自由展」をやっているようなものかもしれません（笑）。そんななかで、自由に、そして真摯に取り組む学問の楽しさを、今後も純粋に伝えていきたいと思っています。

第2章 新自由主義に侵食される大学

――吉田寮問題をめぐる公開書簡

〈解題〉二〇一九年二月一四日、京都大学執行部が吉田寮生の強制的な立ち退きに乗り出そうとする状況のなか、教員有志で語らって「吉田寮問題にかかわる教員有志緊急アピール」を発表した。一カ月あまりの間に四〇〇名を超える教職員、学生、市民が賛同メッセージを寄せてくれた。筆者も緊急アピールの呼びかけに加わるとともに、川添信介副学長（当時）への公開書簡という形式でメッセージを記した。こうした試みもむなしく、大学執行部は四月二六日に吉田寮生二〇名に立ち退きを求めて提訴した。五年近くにわたる公判のすえ、二四年二月の京都地裁判決は寮自治会の側の主張をほぼ認めて、大半の寮生について引き渡し請求を斥けた。二〇二四年七月現在、大阪高裁で控訴審を継続中である。（初出：二〇一九年四月）

川添信介副学長

ご無沙汰しております。

今回の緊急アピールにかかわる記者説明資料を準備するために、「五年雇止め条項の見直しを求める常勤教員の要望書」という一〇年ほど前の記者説明資料を引っ張り出してみたところ、当時理学研究科教授だった山極壽一先生、文学研究科教授だった川添先生に「呼びかけ人」として名を連ねていただいたことに気づきました。

皮肉なことに現状では直接お会いしてお話することも難しい状況です。ですが、意を尽くして記せばきっと相互理解を築けるはずだという思いを励ましとしながら、この場を借りてメッセージを書かせていただきます。

長文になるかもしれないことをお許しください。

一、「京大の縁側」をなぜつぶしてしまうのか?

吉田寮をめぐる問題には、いろいろな要素が詰まっています。

賛同者から寄せられたメッセージを読みながら、市民と交流する「京大の縁側」という卓抜な比喩にうならされたり、「立場の弱い人を受容してきたシェルターのような存在」という表現にはっとさせられたりしています。「京大は、おもろい」というけれどこのままでは「天然の『おもろい』は死に絶え養殖の『おもろい』が蔓延る」ことになるのではないかという指摘に考えさせられ、「とりあえず確保せねばならない利益、ノルマの達成、喫緊の課題の達成に追われがちな世の中」だからこそ吉田寮のように「無駄」に見える存在が大切という言葉に身につまされる思いもしました。なかには高校生として吉田寮に入ることに憧れていたのに……というメッセージもありました。

こうした吉田寮の文化的価値というべきものや、その存続が大学の社会的信用にかかわることについて、大学執行部を構成される役員の方々もよくわかっているはずです。

それにもかかわらずなぜ、今後吉田寮自治会を交渉相手としないという頑なな態度をとり、さらに今も残る寮生が新棟への移転やむなしと表明したにもかかわらず「今後寮自治会として入寮募集を行わない」という条件を求めるのでしょうか？　私は、疑問に感じます。

川添副学長の立場からすれば、大学当局の制止にもかかわらず昨年度入寮選考を行った点で吉田寮自治会はすでに交渉相手としての資格を失ったということになるのかもしれません。ですが、これまで大学当局が吉田寮自治会と交わしてきた確約書という「約束」の一方的な破棄を宣言した上での「全寮生退去」「入寮選考禁止」という措置は、あまりにも強権的な対応と私は感じます。

「団体交渉」という集団的な威嚇の下になされた「約束」は無効であるという判断もあるよ

うですが、その判断が適切である根拠の説明もまた一方的な形でしかなされていません。私自身も「大学当局」の一員（全学人権委員会委員）として吉田寮生を含む学生による「糾弾」の対象とされたことがありますので、「団体交渉」と呼ばれる場で教員の側が受ける圧迫感は想像ができます。でも、そうした事態の中でも学生たちの言い分にナルホドと思い、目を開かされる感じを覚えたこともあります。

「団体交渉」における時間制限などについては検討の余地があると思いますが、これまでの「団体交渉」はすべて不当であり、だからその中でなされた「約束」もすべて無効であると宣言するのは、あまりにも強引な一般化と感じます。また、その説明だけでは、そもそもなぜ寮自治会による入寮選考を再考すべきなのかという理由もわかりません。どうやら入寮選考が吉田寮自治会と執行部との対立の焦点のようですので、以下、この点について記させていただきます。

二、「支払ってもらえるコストによって受けるサービスは違って当然」？

これまで入寮選考は自治寮の自治的な慣行の重要な一側面となってきました。「京都大学学生寄宿舎規程」でも「入舎する者の選考は、寮生代表の意見をきいて、副学長が行う」と定めています。最終的に認可するのは副学長だとしても、実質的には「寮生代表の意見」を追認することが慣行とされてきたことは、あなたもよくご存じのはずです。

なぜ今になってそれを変えなくてはならないのでしょうか？

一月一七日の記者会見で、ようやくその理由が明らかにされたように感じました。吉田寮が「経済的に困窮した学生のセーフティネット」としての役割を果たしてきたことをどう思うかという質問に対して、あなたは、次のように答えられています。

「正規」学生（学部学生、大学院生）と「非正規」学生（研究生、科目等履修生、短期交流学生等）では京都大学とのかかわり方が異なる、「非正規」学生を京都大学の福利厚生施設に受け入れるつもりはない、なぜなら「支払ってもらえるコストによって受けるサービスは違って当然と理解している」からである……。

「支払ってもらえるコストによって受けるサービスは違って当然」。きっとあなたを含む大学執行部は、こうした原理に基づいた対応こそが「公平」と考えておられるのでしょう。まただからこそ、吉田寮自治会が、入寮選考において正規学生／非正規学生という立場上の違いよりも、「切実に入寮を必要としている」という経済的要因を重視してきたことを不適切と考えているのでしょう。

「支払ってもらえるコストによって受けるサービスは違って当然」

一見するともっともらしい考え方ですが、私は疑問に感じざるをえません。吉田寮の問題は、もっとも基本的なところでは日々の居場所・寝所（ねどころ）の確保という点において生存にかかわる問題です。そうである以上は、生存にかかわるニーズこそまず優先されるべきではないでしょうか？

私などよりよくご存じのように、国立大学への運営費交付金が年々減らされている状況の中で授業料は高騰、正規学生で五〇万円、非正規学生でも研究生の場合には三〇万円を超える金額の支払いを求められています。授業料免除や各種の奨学金もありますが、一般的には正規学生しか対象としていません。たとえ正規学生であってもやむをえず留年して学部五回生、修士三回生など「過年度生」となった場合には、授業料免除や奨学金を受けるのはきわめて困難になります。

このように留年した学生、さらに非正規学生は、経済的困窮から逃れられる道が限られています。だからこそ、居場所・寝所については異なる優先順位が必要なのではないでしょうか。ですが、吉田寮に居住していた者への代替宿舎の提供にかかわるＦＡＱでは、「正規学生の学籍を有している者のみが代替宿舎への入居が認められます」、正規学生であっても「修業年限の間しか入居できません」として、「修業年限内」の「正規学生」を優先する姿勢を明確に示しています。

「支払ってもらえるコストによって受けるサービスは違って当然」という言い方に対して、

私は、生活保護バッシングにも通底する非寛容さを感じます。学生の中には自身の病気やご家族のご不幸など思いがけない要因により、通常の修業年限内に卒業・修了できない者もいます。大学・大学院に入学してはみたものの、どのように自分の専攻を選べばよいのか、さらに卒業・修了後の進路をどのように定めればよいのか。いったん方針を決めたつもりでも、迷い、選びなおそうとする学生も少なくはありません。大学生活とは、今も昔も迷い多き時代です。そうした「迷い」のための時間と空間を許容することこそ、大学のあるべき姿ではないでしょうか?

非正規学生の中には留学生の占める割合が高いという問題もあります。外国の大学を卒業してもすぐに大学院入学することは困難なために、まず非正規の学生として在籍しながら日本語能力を高めたり、研究技法の基礎を身につけたりすることが一般的です。そうした留学生が民間アパートを借りようとした場合に「外国人お断り」というあからさまな差別に直面する事態も、いまだに絶えることがありません。しかも、留学生の場合には居所の確保が在留資格に直結します。

今回の緊急アピールの賛同者には「シェルター」としての吉田寮の大切さについて記したものが少なからずあります。「自治寮にお世話になってとても助かった留学生として、吉田寮の自治を応援しています」というメッセージもありました。「自治寮であったからこその家賃」と書かれた方もいました。月二五〇〇円程度という「寮費（寄宿料・水光熱費・自治会費）」は自治寮という伝統の中でこそ可能になってきたことです。そのことは、近年、各大学の寮において、自治寮としての性格の後退と同時に寮費が数万円に高騰していることからもわかります。

寮費の安さは、大学当局が寮居住者に対して相対的に多くの「コスト」を割いていることのあらわれなのかもしれません。あるいは、順調に就学している正規学生の中には、多大な「公費」が寮に居住する学生のために投じられていることを快く思わない者もいるのかもしれません。

かりにそうした学生が本当にいたとして「いつ誰が困った状況になるかわからないのだ」として、セーフティネットの大切さを説明することこそが大学執行部の役割ではないでしょうか？　社会全体として新自由主義的施策の下で「正規」労働と「非正規」労働の格差を拡大し、「自己責任」という言葉でこの格差を正当化する風潮が蔓延しているからこそ、「正規」学生と「非正規」学生という区別とは異なる原理で存立する空間を大切にすべきなのではないでしょうか？

三、「多元的な世界像」を含み込む寛容に向けて

賛同者から寄せられたメッセージの中には「京大が長年大事にしてきた余裕、寛容さ、自由奔放さ、カオスの文化の継承集団が解散させられかけている」というものもありました。「寛

容」の原理は、川添副学長自身がご自身の研究の中で説かれてきたことでもあるのではないかと私は感じています。中世パリ大学でアリストテレス哲学に基づく特定の主張を講じた者を「異端」として排除する傾向が強い風潮の中で、トマス・アクィナスの果たした独特の役割について、あなたは次のように書かれています。

「アクィナスは神学者としてキリスト教的な世界像を保持していたことは当然であるが、自己の信じる世界像と齟齬しない仕方で解釈した上でアリストテレスの世界像の根底を受容し、そうすることでキリスト教世界把握そのものを豊かなものとしたといってよいのである。このアクィナスの『神学』として構想化された思想のなかに、単に歴史的一事例としてだけでなく、多元的な世界像を含みこんでしか生きられない現代社会に処するための理論的な範型のひとつをみることができると私には思われる。」（川添信介「専門と教養——中世パリ大学の理念から」南川高志編著『知と学びのヨーロッパ史——人文学・人文主義の歴史的展開』ミネルヴァ書房、二〇〇七年、二三六頁）

西洋中世哲学史の門外漢の筋違いの論と笑われるかもしれませんが、吉田寮をめぐる大学執行部の対応は、「多元的な世界像を含みこんでしか生きられない現代社会」において無理矢理新自由主義的な路線での一元化を図るものと感じられてなりません。吉田寮と直接的な関係をもたない私が、こうした論を記すにいたったのも、多元性を許容しない非寛容な世界への恐怖が他人事ではないと感じているからです。

これも「釈迦に説法」ですが、「寛容 tolerance」とは「自己の信条とは異なる他人の思想・信条や行動を許容し、また自己の思想や信条を外的な力を用いて強制しないこと」（平凡社「世界大百科事典」）であり、そこには自分自身を脅かすことになるかもしれないものの存在に「耐える tolerate」という意味が含まれています。大学を管理する立場からすれば、よくわからない人が出入りしているようだ……ということひとつをとっても、不安に感じるところがあるのかもしれません。ですが、その不安を打ち消すために完全な管理を実現しようとしたとしても、それは土台不可能であり、望むべきでもないと思います。

どうか法的措置に訴えて今も吉田寮に残る学生たちの強制立ち退きを図るような事態を避けてください。それは、京都大学がこれまで長い歴史をかけて築いてきた文化的価値や社会的信用を根底から損なうものとなりかねません。

吉田寮自治会としても、五月末を目処として現棟からの退去と新寮への居住移転の意向を表明しているのですから、「学生の安全確保」のためにまずは無条件に新棟移転を認めてください。

市民に開かれたパブリック・スペースであり、京大の「縁側」でもある寮食堂の使用を従来通り認めてください。

現棟への寮生の立入禁止を解除し、従来通りメインテナンスをできるようにしてください。その上で、場合によっては第三者的存在を交えて、入寮選考のあり方、現棟の補修の仕方と利用の仕方、今後の「団体交渉」のあり方などについてじっくりと話し合ってください。

そうした対応は、行政のトップから社会の底辺にいたるまで非寛容な精神がいよいよ蔓延しているこの社会において「多元的世界像」の重要さを告げ知らせるものともなるはずです。

第3章　労働の現場としての大学

——京都大学職員組合の活動から考える

〈解題〉二〇一九年七月、京都大学職員組合の中央執行委員長に就任し、民主的な総長選考の実施や、大学執行部が強制的に撤去したタテカンの現状復帰、非常勤職員の「五年雇い止め」撤廃などを求めて団体交渉を重ねた。職場での経験も能力も意欲もある職員の雇い止めは非正規雇用者への差別であるばかりでなく、多くの場合に女性差別でもあり、大学の土台が新自由主義的な原理により根腐れしていることを象徴的に物語っている。「経営」的合理性から見ても、雇い止めを重ねて派遣職員を増大させることは財政を圧迫すると主張した。その後も職員組合として交渉を重ねたが、二〇二四年七月現在、大学執行部は「五年雇い止め」にかかわる方針を基本的に変えていない。（初出：二〇一九年九月）

非正規雇用の拡大は研究や教育の現場でもある大学でも例外ではありません。そうしたなか、東京大学では組合との交渉を経て、今年度（二〇一九年度）から有期雇用教職員の契約更新の上限を五年と定めていた学内ルールを撤廃し、約八〇〇〇人の継続雇用を可能にしました。こうした動きは他の大学にも波及しつつあるのでしょうか？

今年七月から京都大学職員組合中央執行委員長に就任された教育学研究科教授の駒込武さんに京都大学の現状についてお話をうかがいました。

（聞き手：松田舞　二〇一九年七月二五日）

「五年雇い止め」ルールに関して

東大では五年雇い止めの通称「東大ルール」が撤廃されました。私が組合に入ったきっかけも、京大での「五年雇い止め」問題でした。二〇〇九年に教育学部で働く事務職員の方から個人的に、「五年を超えて働きたい」と相談を受けたのです。そのときに私はほとんど一人で、常勤教員を対象に「五年雇い止め反対」の署名運動をやりました。現在の総長である山極壽一先生にも呼びかけ人として協力してもらいました。それでも、もちろん法人当局を動かせたわけではなく、いま考えるとほとんど無謀な試みでした。ただ、具体的に目の前で理不尽な問題がある以上、とにかく「何とかしなくては」と思ったわけです。

その後も何人かの事務職員の方の相談を受けましたが、結局、「例外措置」の適用という形で継続した一人を除いて京大を辞めざるをえませんでした。それぞれ仕事への愛着もあり、知識もあり、経験もあり、働く意欲もあるにもかかわらず、雇用を継続できないことの異常さをあらためて感じました。そうした相談を受けるなかで、これはどうしても組合としての活動が必要なことだと感じて、私自身も二〇一〇年に組合に加入したのです。

二〇一三年に雇用契約の更新を繰り返して五年を超えると無期に転換できるように労働契約法が変えられたので、それから五年経った一八年度から無期転換した人も現れてくるようになりました。ですが、それでも五年を超えて働くことへのハードルは残ったままです。京大では、「例外措置」として継続を認める少数の場合を別とすれば、半年間の「クーリング期間」を置くというやり方をすることがあります。いったん半年間職場を去ることで、それまでの五年の職歴をゼロにカウントして再雇用するというものであり、事実上の脱法行為といえます。

数年前にこんなことがありました。五年を超えて働きつづけることを希望する職員に、上司にあたる方が「クーリング期間を置けばまた必ず雇うから」と内々に約束し、実際、代わりに新しい人を雇うこともなく戻ってこられるようにしていたのです。ところが皮肉なことに、半年経ての復帰まであともう少しというところで別の無期雇用の仕事が見つかって、彼女はそちらを選ぶことになりました。もちろん、彼女を責めることはできません。京大に戻ってもまた五年という期限があるのですから、たとえ仕事への愛着はあったとしても、無期雇用の職場のほうがいいと考えるのは当然のことです。しかも、直接の上司は復帰を心待ちにしていたにもかかわらず、そのまた上司にあたる方は「無期の仕事を探したほうがよい」と言い放っていたとのことです。この出来事は「クーリング制度」の欺瞞的な性格と、そもそも五年雇い止め原則のおかしさを示すものだと思います。

五年雇い止め問題は、二〇〇四年の国立大学法人化に端を発しています。それによって二〇〇五年四月以降に採用された非正規職員（有期雇用職員、時間雇用職員）については「雇用される期間が、通算五年を超えないものとする」ということが「就業規則」で定められました。そのため、二〇〇九年に問題が顕在化して、困っている人が私のところにも相談に来たわけです。

この制度は二〇〇五年三月以前に採用された人には適用されていません。ですので、二〇〇五年三月以前に「日々雇用職員」として採用されて今も京大で働きつづけている方々がおられます。正規職員はおよそ三年程度で部局を異動しますので、同じ部局で一〇年以上仕事をしつづけている「日々雇用職員」は、たいへん重要な役割を果たしています。ただし、人数はどんどん少なくなっています。また、二〇〇五年四月以降に採用された方々のなかには、採用された時期がわずか数カ月違うだけなのに、なぜこんなに差があるのかと不条理に感じられている場合もありました。

そうした方の一人が二〇一〇年に雇い止めにされようとしたときに、京都大学職員組合教育学部支部として事務長と交渉しました。雇い止めを実行したならば契約満了期間の三〇日前までの予告を義務づける厚生労働省告示に反することを指摘し、例外的な継続雇用を認めさせることができました。ただし、その方が二〇一五年に再度雇い止めの危機に直面し、クーリング期間中に職場を去ることになったわけです。

その後も、組合による支援のもとで例外措置が適用された例は少なからずあります。ですが、「例外」はあくまでも例外であり、東大のように無期雇用が原則にはなっていません。クーリングという脱法的行為も相変わらず行なわれています。東大もやったのだから京大でもできるはずだ、と組合の団体交渉で何度も要求してきたのですが、文部科学省から出向している労務・人事担当理事は駄目だの一点張りです。

急増する派遣労働者

法人当局は、こちらが雇い止めをやめるよう要求すると、「特定業務に応募してくれればいい」という言い方をします。「事務職員（特定業務）」とは二〇一三年度に創設された職種で、非正規雇用ですが、試験を経て採用されると期限なしというポストです。給料は一般の非正規職員（有期・時間雇用職員）よりもわずかに高く、ボーナスもわずかながらもらえますが、残業はさせられることもあるという非常に微妙な立場です。だから求人を出しても応募者が少ないと聞いています。

一方、非正規職員のなかでは派遣職員が大幅に増えています。二〇一一年は一九〇人でしたが、一八年には八四九人というように、四倍以上になっています。常勤の正規職員（事務系および図書系）は一一四六人ですから、それに匹敵するくらいに派遣職員が増えているのです。

派遣職員は同じ職場には三年しかいられなかったのですが、この規制が労働者派遣法の改正（二〇一五年）に基づいて一八年に撤廃されました。これが諸刃の剣になっています。派遣職員にとって雇用がつながるのはよいことのようですが、大学当局にとってはいよいよ使い勝手のよい労働力ということになるからです。

非正規の時間雇用職員と、派遣職員とでは、仮に労働者に払われる時給が同じであったとしても、大学は派遣職員にはパソナなどの派遣会社に支払うぶんを多く支出しています。組合の試算によると、派遣労働者を一人雇うと、時間雇用職員を直接雇用する場合に比べて平均して約七〇万円割高になります。それだけの差額があれば、直接雇用を増やすと同時に、時間雇用職員の待遇改善にもつなげられるはずです。

派遣から三年経過した時点において、使用者が引き続き派遣職員を受け入れたい場合は、事前に過半数代表者の意見を聞かねばならないことになりました。過半数代表者は吉田・桂・宇治・病院などの事業場ごとに選ばれています。ただ、過半数代表者が派遣職員を直接雇用に転換すべきと訴えても、使用者側の義務は過半数代表の意見を聴取することにとどまり、その意見にかかわりなく雇用を継続できる仕組みになっています。これまで大学当局が派遣職員を大幅に増やしてきたけれど、それでも一定の割合に抑えられていたのは、三年で替わらなければいけなかったからです。今はむしろ、過半数代表の意見を聴取したことを名目として、部署を変われば派遣のままでずっと働くことができるようになってしまいました。非正規職員、とりわけ派遣職員の大半が女性であり、多くの場合、収入は年収にして二〇〇万円台であることを考えるとき、女性差別の仕組みがむしろ強化されているともいえます。

実はこうした大学当局の対応は、労働者派遣法の趣旨にも反しています。一時的な特定のプロジェクトに派遣職員を雇うことはありうることですが、「一般的・恒常的業務」については直接雇用に切り替えるべきことが法の趣旨とされているからです。恒常的業務にまで派遣を増やしているのは、経営的観点から見ても不合理なはずですし、個別の職場で蓄積したノウハウを生かすという点でも不利益な措置であると、私たちは大学当局との交渉で主張してきました。「五年雇い止め」にも通じることですが、大学当局の頑なな対応の理由は、少なくとも表向きには「必要なときに解雇しやすい」ということだけです。そこには「人を育てる」という大学にふさわしい発想がないばかりでなく、人手不足の時代への現実的顧慮すらも見られません。派遣職員の占める割合の増加とともに、組合員もどんどん減少しています。派遣職員増加の隠れた狙いは、組合つぶしなのではないかと勘ぐりたくもなります。

他方、組合の側でも、派遣職員については労働条件改善の取り組みが難しいこともあって、積極的な勧誘は行なってこなかったという反省があります。ようやく二〇一六年に派遣職員の組合費を定めて、受け入れ体制を整備しました。実は組合にはハラスメントにかかわる相談が少なからず来ており、この点では派遣職員の方々と一緒に労働条件の改善に取り組むことができます。今後は、派遣職員で直接雇用への切り替えを希望される方々の支援も積極的に行なっていきたいと考えています。ただ、雇い止めのなされる立場に直接雇用されても将来的な見通しが立たないでしょうから、原則無期への転換による雇い止め問題の解決とあわせて追求する必要があります。

悪化する教員の労働条件

私が教員という立場にもかかわらず、五年雇い止めなど主に職員の方にかかわる問題に関心をもってきたのは、自分の研究も教育も経験ある職員の方々に支えられてきたと感じているからです。iPS細胞の研究で著名な山中伸弥教授も「教員が役者だとして、大道具・小道具・照明担当と力を合わせなくては舞台（教育・研究・医療）は成り立たないし、それぞれの役割にそれぞれの熟練があるのだ」という趣旨のことを書かれています。全くそのとおりだと思います。

もっとも、最近では大学教員の職も不安定化しています。根底には定員削減の問題があります。京大では二〇一三年度に正規職員一六〇名、教員二八二名を八年の間に削減する基本方針を役員会が定めて、その後、着実に実行してきました。その元にあるのは国からの運営費交付金の削減です。法人化以来、これまで一四年間で京都大学では一〇〇億円近く削減され、教員・職員の数を減らすことで補おうとしています。授業担当や委員会の運営など、同じ量の仕事を少ないメンバーでやるのですから、どんどん忙しくなっていきます。

国立大学法人化というのは、法人になって各大学に自由を与えるといいながら、給与は人事院勧告に準拠という方針にも見られるように財布の紐は国が握りつづけたために、体のよい予算削減措置だったといえます。

さらに、今、とても大きな問題になっているのは国が運営費交付金を大学に配布するときの「傾斜配分」の金額が、二〇一八年度の約三〇〇億円から一九年度一挙に約一〇〇〇億円へと増えたことです。その「傾斜配分」によって内閣府や文科省が考えるような「改革」をした大学に予算が割り当てられる仕組みとなっています。しかも大学のなかでは「総長裁量経費」というのがあって、内閣府や文科省が喜びそうな「改革」をする部局に総長裁量経費が回って来る仕組みになっています。さらに今後、年俸制度が全面的に導入されて個々の教員の教育・研究活動の「査定」に従って年俸が上下させられる懸念も強まっています。教育・研究にかかわる達成は、プロ野球選手の打率のように数値化できるものではないにもかかわらず、誰が、どのように評価できるのか、大きな問題です。

こういう状況のなかで教員の労働条件が悪くなりながらも、その体制がおかしいと声をあげる方向に向かうのではなく、どんどん小さくなるパイのなかから少しでも多額のお金を引き出せるように、より激しい「忠誠競争」に駆り立てられる仕組みがほぼ完成しつつあります。

京大における民主主義の危機

教員の立場でいうと、今の大学改革の問題の中核には、外部から押しつけられた目標のもとでの「PDCA（plan・do・check・act）サイクルの徹底」があります。教員は目標（Mission）を達成するための計画（Plan）を立てて実践（Do）せよ、達成できない場合には反省（Check）し、改善のために行為（Action）せよということです。法人化以降、自己点検・自己評価、あるいは認証評価（第三者機関による教育・研究活動の検証）などさまざまな形で大学における教育・研究活動を「数値化」「見える化」せよという圧力が高まり、膨大な書類づくりを迫られています。

こうした評価の試みがすべて悪いとはいいません。たとえば女性教員の割合や若手教員の割合が多いほうがいいなど、それはそうだろうと思います。でも、女性教員や若手教員が少なくなってしまう構造的な要因にはメスが入らない。また、たとえば留年していることがダメな学生の証にされてしまうという問題もあります。さまざまな悩みを抱えた学生へのきめ細かな対応にも十分な人手が必要であるにもかかわらず、人手はどんどん削減されながら、一方で「きちんと対応しました」という成果報告の書類づくりに追われて、学生対応に手が回らない事態が生じています。まったく本末転倒です。法人化は大学の現場をものすごく疲弊させています。

京大における民主主義の危機ということでは、総長選挙、学部長選挙をめぐる動きも気がかりです。二〇一九年六月に安倍内閣が閣議決定した「経済財政運営と改革の基本方針2019」では、国立大学の総長選挙にかかわる「意向投票」も学部長選挙も廃止することを求めています。一四年の総長選挙のときには、職員組合として総長選挙廃止反対の署名運動をしたり、時計台前で抗議集会を開いたりしました。ですが、今度も総長選挙廃止を阻止できるかは、わかりません。

もしも選挙がなくなれば、総長は総長選考会議なるものが勝手に決めることになるわけですが、この会議は現時点で門川大作京都市長を含む六名の学外委員と、六名の学内委員で構成されています。現在の日本の政治勢力の与党的な存在が学外委員として総長選挙に介入してくるということです。また、学部長選挙が廃止されたら、総長が学部長を任命することになるでしょう。どんなに大変な仕事でも、選挙という形で同僚の付託を受けたからやろうという気になるのに、上からの任命という体制はこのやる気、モチベーションを大きく削ぐことになります。

この二つの選挙の廃止の問題と、ＰＤＣＡサイクルの強化・徹底は、背中合わせのこととしてとらえる必要があります。つまり、「目標を決めるのはお前たちではない。今の政府・与党に近い人間たちなんだ。お前たちはそれを着実に実行し、できなかったら反省せよ」、そういう体制です。教授会はもはやこうした体制の是非を議論する場ではなく、ただそれぞれの部局や大学がいかに生き延びるかを考える場となりがちです。二〇一四年に学校教育法・国立大学法人法が一部改正されて、教授会は基本的に総長に意見を述べる機関とされ、何かを決定する場ではなくなったからです。目標の設定、すなわちＰＤＣＡのＰはすでに決まっている前提で、「その目標はそもそもおかしい」と言う場がないし、言うことは難しくなっています。大学における民主主義は瀕死の状況、というかもはや臨死状態といってもよいかもしれません。

職員組合の役割

こういうなかで、職員組合を、今の大学の統治体制に対して異議を申し立てる場にしていきたいと考えています。

昨年度は珍しく組合員が増えました。その多くは看護師さんです。逆にいえば看護師さんの状況は、それだけ深刻なことになっているともいえます。長年にわたって組合を支えてきた看護師さんが新規採用の方々に組合の大切さを力強く語り、その場で三〇名近くの新規組合員を獲得したこともありました。その前提には、たとえば朝八時から夜八時まで働く「長日勤（ながにっきん）」に対して特別な手当が支給されないという現実があります。夕方五時から夜八時までという時間帯は、子どものいる方にとっては子育ての点からも大切な時間帯であるにもかかわらず、特別手当が認められないのです。看護師以外の事務職員の方についても、病院は一般事務の三倍大変だといわれています。私自身も病院支部の方々の話を聞いて、あらためて労働組合の重要性を再認識させられました。

この数年間で職員の雰囲気はすごく変わりました。派遣職員の方はめまぐるしくどんどん入れ替わっています。さらに、正規職員がほとんど管理職（掛長）だけとなり、毎晩残業に追われています。多くの方が夜の一〇時、一一時まで働いていて、労働環境がブラック化していま す。この過重労働については法人当局側も一応は心配しているようなので、その軽減のためにも、正規職員の増加と非正規職員の処遇改善が必要と主張していきたいと思います。

二〇二〇年四月から「同一労働同一賃金（パートタイム・有期雇用労働法）」が施行されるということですが、現実との落差が大きすぎます。むしろ派遣労働のいっそうの拡大につながらないかと危惧しています。それでも、この施行にあわせて抜本的な対応策を求めていきたいと思っています。大学は知や技術の生産の場ですが、同時に巨大な労働現場でもあります。不合理な格差や差別を放置した環境から、格差や差別の克服に資する知が生まれるとは思えません。

いま京都大学で直面している問題は孤立した現象ではなく、国立大学全体に共通する問題であり、さらに多くの職場に通底する問題だとも思います。ですので、つまるところ政権を変えなくては目の前の状況も変えられないかもしれないとも思いがちです。ですが、他方で生活と労働の現場で悪化する状況を少しずつでも変えていかなければ、たとえ政権が変わったとしても事態は大きくは変わらないとも思います。今の世の中、「対決」というと古くさいみたいにいわれがちですが、それぞれの生活と労働の現場で具体的な問題をめぐって雇用主と「対決」しつづけることが大切だと思っています。

第4章　京都大学の「植民地主義」を問う

――琉球民族遺骨返還訴訟に寄せて

〈解題〉二〇一八年一二月、松島泰勝龍谷大学教授らが原告となって、戦前に京都帝国大学の学者が琉球（沖縄）から奪い去った遺骨の返還を求めて京都大学を提訴した。それに先立って、松島教授は一七年四月に京大博物館に遺骨の閲覧を求めたが、拒否された。この文章では松島教授と京大博物館との交渉を仲介した当事者としてその間の経緯を記した。なお、二二年四月に京都地裁は原告の訴えを棄却、二三年九月の大阪高裁での控訴審判決でも原告の訴えを棄却したが、「付言」として、「遺骨は単なるモノではない。遺骨は、ふるさとで静かに眠る権利がある」と指摘し、京都大学と原告らの話し合いによる解決を求める見解を明らかにした。その後も、京都大学執行部は原告との話し合いを拒否しつづけている（初出：二〇二〇年九月）

「植民地主義」とは何か

戦前期において金関丈夫、三宅宗悦ら京都帝国大学に属す研究者が沖縄や奄美から大量の遺骨を奪い去った。そして、今日において京都大学当局はこの遺骨の「返還」「再埋葬」はもとより、「収集」の経緯や研究利用の歴史の説明すらも拒んでいる。この二つの出来事は、時代も性格も異にしているものの、「植民地主義」の実践として通底しているところがある。両者に共通する問題を一言で表現するならば、「侮辱」ではないだろうか。もう少し厳密に記すならば、圧倒的な権力関係を背景として、一定の地域とのかかわりを指標として行なわれる侮辱である。

なぜ侮辱こそが核心であると考えるのか。琉球遺骨問題に立ち入る前に、台湾近現代史にかかわる筆者自身の研究に即して確認しておきたい。

一つの象徴的な史料がある。一八九六年夏、日本が台湾を占領して間もない時期、台南駐在英国領事が、英国人宣教師を介して聞いた台湾現地住民の経験を書きとめたものである。台湾総督府に送られたこの文書において、英国領事は日本人の「圧制暴虐」を列挙して次のように書いている（現代語訳で記す。詳細は拙著『世界史のなかの台湾植民地支配』岩波書店、二〇一五年、第2章参照）。

●「日本人が住民の葬式を妨害し、泣男を侮辱し、頭の布を取り去って婦女の美醜をあげつらい、棺の蓋を空けて屍体を検分した」

●「地方に軍隊のための道路を築造する際、住民に告げることなく墳墓を掘り起こし、土中に埋められていた棺を荒野に打ち棄てた。棺の中の屍体は最近埋葬したばかりであり、腐乱しているものも少なくなかった」

台湾在来の住民は資料では「土人」と呼ばれている。「土人」に対しては何をしてもよい、日清戦争の「戦勝」に浮かれた日本人はそのように考えて傍若無人な態度をとっていた。同じ時期、日本軍兵士が抗日ゲリラの巣窟とみなした村落の住民を皆殺しにして焼き払う事件も生じていた（雲林虐殺事件）。ここで着目したいのは、墳墓をめぐる日常的な「侮辱」が、こうした虐殺事件の広大な裾野を形成していたことである。

厳粛たるべき葬式に乱入し、墳墓を掘り起こし、腐乱した屍体をあばく……。屍体への冒涜は、死者を悼む近親者にとって深い屈辱であったことだろう。それにもかかわらず、日本人官吏に訴えても相手にされず、追い返されることが一般的であった。実際、先の史料には、酔っ払った日本人の人夫が「土人」民家に乱入して娘を強かんしようとしたところ、母親がこれを遮ったために棒で殴り殺した、これに憤った村民が日本人官吏に訴え出たが、「女ノ身ニ不相応」と斥けられた出来事も記されている。むきだしの暴力を警察が不問に付し、さらに軍隊のような実力組織が有無をいわせぬ対応をすべく待機している……。そのような事態こそ「植民地」の原風景である。

一般的な人間関係においては他者を侮辱すれば憤りを招き、場合によっては報復を受ける。だが、一方の人びとが国家権力を後ろ盾としており、他方の人びとがそうではない場合は、いわば「気軽に」他者を侮辱することが可能となる。報復を受ける心配がほとんどないうえに、国家から罰せられる懸念もないからである。「土人」とされた人びとが潜在的、あるいは顕在的な「国家の敵」である場合には、罰せられないどころか、位階勲等をもって国家により顕彰されることもありうる。侮辱的な行為は日常生活世界においてアット・ランダムに発生しているようだが、実際には「この人たちのことは気軽に侮辱してよい」という磁場が国家的に形づくられている。女性や障がい者を標的とした侮辱と並んで強力な磁場を構成したのが、沖縄(琉球)や奄美など一定の地域とのかかわりを目印として作動する植民地主義である。

侮辱を植民地主義の核心として考えたときに、琉球遺骨問題はどのような相貌を表すのであろうか。ここでは一九二〇~三〇年代における盗骨の過程ではなく、二〇一七年四月から五月にかけての松島泰勝氏(以下、松島と略す)と京都大学総合博物館(以下、博物館と略す)とのやりとりに即して考えることとしたい。なぜならこのやりとりが松島らを原告とする「琉球遺骨返還請求訴訟」の発端であるとともに、筆者自身が松島と博物館の間で仲介者的役割を果たした当事者だからである。京都大学の植民地主義を問うために総長・理事など大学執行部の責任を問うべきなのは当然だが、「京都大学教授」という肩書きをもつ筆者もまた、その責任の一端を担わざるをえない。逆説的ではあるものの、自らもまた「京都大学の植民地主義を問う」実践に加わることにより、不十分ながらも自分自身の責任に応答することに努めたい。

松島泰勝氏と博物館の交渉

まず、できるかぎり客観的に松島と博物館の交渉にかかわる事実関係を記しておく。

二〇一七年四月一五日（土）、松島より「琉球人遺骨問題に関するお願い」と題するメールが駒込宛に送られてきた。趣旨は次のとおり。北海道大学で開催予定の日本平和学会分科会報告のための調査として京都大学博物館に連絡、「遺骨がどのように保管されているのかを確認し、その種別、大きさ等を計測」すると同時に、「同遺骨に関する研究状況等について質問」したいと伝えた。これに対して、「京都大学の教員を通じた見学申し込みでなければ受け付けられないとの返答」を受け取った。そのため駒込に紹介者になってほしい。駒込は、この松島氏の依頼に応じる旨を返信した。

四月一七日（月）、松島は博物館から博物館のinfoアドレス宛にメールで琉球人遺骨見学申し込みの旨を伝えてほしいという応答を受け取り、これを駒込に転送した。同時に、翌日から内視鏡手術に入る旨を伝えた。

四月一八日（火）、駒込は博物館の info アドレス宛にメールを書き、博物館所蔵の琉球人遺骨について「龍谷大学の松島泰勝教授とともに見学したい」旨を申し出た。

四月一九日（水）、博物館長から駒込に電話があり、「人骨そのものは骨の扱いに馴れた人類学者でなければ触らせることはできない」と語った。これに対して、人骨を「計測する」「触れる」ことが難しいとしても「どのように保管されているか」を確認することはできるはずだと答えたところ、「それも難しい」との返答。理由を尋ねると「人権問題だから」とされた。駒込が「いったい誰の人権をどのように守ろうとしているのか？」と尋ねると、「とにかく人骨は専門家以外の人に見せることはできない。人骨にかかわる文書ならば閲覧できる可能性もある」という返事だった。

四月二〇日（木）、博物館は松島宛にメールを送信、同文を駒込宛にも送信した。そこでは「標本利用申請書」を添付して次のように記していた（洋数字を漢数字に変換した）。

標本番号については、今帰仁村文化財調査報告書第一八「百按司墓木棺修理報告書」（二〇〇四年八月、沖縄県今帰仁村教育委員会）掲載のリストによりご指定ください。

駒込氏には四月一九日に館長より電話で説明したところですが、館蔵資料の閲覧は、いずれの場合でも、研究目的、及び、それぞれの資料の取扱いの熟達度や研究実績等を考慮して、閲覧の可否を判断しております。駒込氏のメールや電話でのお話には、判断できる情報がありませんため、まずは、申請書を郵送ください。なお、人骨資料は脆弱ですので、資料保存の観点から、閲覧件数を限る場合もありますので、ご了承願います。

これに続いて「人類学資料収蔵庫の見学」には応じられない旨も記されていた。駒込は松島の退院まで連絡を控えようと考えていたが、このメールへの対応のために松島にメールを送信し、遺骨の「実見」ばかりでなく、遺骨の保管状況の確認などの説明も求めたほうがよいのではないかと記した。

四月二一日(金)、手術を終えたばかりの松島から駒込宛のメール、遺骨の「計測」「実見」以外の要求も盛り込むことに賛意を表明した。駒込は松島からの回答を受けて、「遺骨の実見」以外の要望はどのように記せばよいか質問するメールを博物館に送信した。

四月二五日(火)、博物館から駒込宛の回答メール。「資料閲覧以外の要望については、別紙としてまとめ、申請書に添付してください。なお、可能な範囲での対応となりますのでご了承ください」と記していた。駒込はこのメールを松島に転送した。

四月二六日(水)、松島から駒込宛のメール。この前日に退院、早期胃がんで胃上部の粘膜剥離術の手術を行なったこと、さらに二カ月後くらいに胃の全摘手術を行なわねばならないことを伝えつつ、週末に京大宛の申請書類の作成に携わるつもりと伝えた。

五月六日（土）、松島から駒込宛のメール、「標本利用申請書」と「京大質問事項」と題する文書の草案を送信したことを報告。後者の「京大質問事項」の全文は次のとおりである。

1）遺骨の保管は現在どのように行われているか
・安置している室（場所）はどこか（場所及び正確な室名）
・安置の方法はどのようなものか（差し支えない範囲で、安置している室の設備・安置方法がうかがえる写真（※実見ではなく写真。例えば棚の状況など）を示してほしい）
・遺骨はどのようなものに納めているか（遺骨を納めるための木箱なのか、標本的な扱いの容器なのか等）
2）遺骨について慰霊その他遺骨の尊厳を重んじた扱いをしているか
3）これまでに遺骨を用いて京都大学の教員・大学院生・学生により行われた研究（論文のリストなど）
4）これまでに遺骨を学外の研究者等の利用に供したことがあれば、その記録
5）当該遺骨が京大に保管されるようになった経緯と手続き

駒込はこの草案に異論ない旨を返信した。

五月一六日（火）、松島から駒込宛のメール。五月八日に始まる週の早々に送信したが、返

信がなかったので、この前日にメールにて申請書と質問文を送信したところ、博物館から「申請書への回答」と題する返信が送られてきたと伝える。その本文は次のようなものだった（文書は五月一二日付、洋数字を漢数字に変換）。

前略

平成二九年五月八日付貴殿より申請のありました標本利用について検討した結果、当該標本の利用は不許可といたしましたのでお知らせいたします。

また、標本利用申請書の別紙としていただいた質問事項についてのご回答及びご要望の記録の提供には応じかねますのでご了承ください。

草々

事実上の回答拒否ともいうべき文面に対して、松島は駒込宛に「到底、真摯な態度であるとは言えません。何らかの対抗措置を考えたいと思います」という書簡を記した。駒込も「ひどい回答」だと感想を述べながら、六月五日に予定されている研究会で会ったときに今後の対応について相談したいと返信した。研究会の後、駒込は単に問題を放置していたが、松島は国会の国政調査権を利用して京都大学に回答を求めるなどあらゆる手段を尽くしたうえで、二〇一八年一二月に「琉球遺骨返還請求訴訟」に踏み切った。

反復される侮辱的行為

博物館の対応には二つの転換点があった。

第一は、四月二〇日である。博物館は松島からの照会に対して、京都大学の教員を通じて申し込んでほしいという回答をした。教員の照会がありさえすれば、遺骨の「実見」も可能であるかのような説明であった。そこで駒込が博物館に照会したわけだが、回答は駒込ではなく松島を宛先として行なわれた。この段階で博物館は、限定的な対応をしようという方針を定めたと考えられる。

博物館が限定的対応を正当化するために持ち出したのは、学術上の専門性と人権だった。「標本」の「計測」を断る理由とされたのは専門性だが、それだけでは説明までも断る理由とはなりえない。そこで博物館長は「人権」という原理を持ち出したわけだが、いったい誰の人権なのか。一般論として考えられるのは、ご遺族（厳密には祭祀承継者）の人権である。遺族でなければ対応できないという回答は、遺骨一人ひとりの違いを重視した場合、原理的にありえる。だが、それならばなぜ、人類学の専門家は、遺骨を「実見」できるばかりか「計測」までできてしまうのか。そもそも人類学の「専門家」として遺骨を勝手に「収集」して「標本」とした行為は、遺族に対する重大な人権侵害ではないのか。この時点での博物館の対応は重大な自家撞着をはらんでいた。すなわち、人権尊重という原理は形式的な言い訳にすらなっていなかった。

第二の転換点は、五月一六日に松島宛に送信された回答である。このときには遺骨の「計測」「実見」はもとより、遺骨の収集や保管にかかわる説明すらも一切拒絶した。このような回答をするくらいならば、学内の代理人を探せとか、「標本申請書」を提出せよとか、質問事項があれば別に記せ、という対応も必要なかったはずである。言葉を換えれば、それまでの経過でさまざまな条件を次々と繰り出しながらすべての説明を拒絶したのは、不可解である。博物館で四月二〇日の回答を作成した際には関与していなかった主体――おそらく京都大学総長や理事――が五月段階で新たに意思決定に参与して方針を転換したものと推測できる。

京都大学では、二〇一四年の国立大学法人法・学校教育法の改正以来、教授会の役割が骨抜きにされて、「トップダウンのガバナンス」という名目のもとに総長・理事による専断的な仕組みが強化されてきた。国家機構ほど大仕掛けではなくても京都大学も官僚機構であり、これにより固く防御された人びとが、報復される恐れを感じることもないままに、説明を拒絶したわけである。しかも、京都大学が「門前払い」の決定を下したのは、松島が早期胃がんで生死の関頭に置かれた状況においてのことであった。京都大学側では松島の健康状態など関知していなかったということなのだろうが、固い鎧で身を固めた組織（人）と壊れやすい個人という圧倒的に非対称的な関係が存在する。

それにしても、京都大学は「人権を尊重した運営を行うとともに、社会的な説明責任に応える」ことを「基本理念」としているはずである。それにもかかわらず、なぜ回答には「応じかねます」という説明放棄をあえてしたのか。その理由はわからない。ただ、学術的な専門性の原理と人権の原理の都合のよい使い分けひとつをとっても、首尾一貫した説明が困難な状況であったとは考えられる。本来ならば、戦前期に京都帝国大学の学者が沖縄や奄美の人びとの遺骨を勝手に持ち去って「標本」とした行為それ自体を侮辱的であったとして反省し、その真相究明を約し、謝罪すべきだった。だが、これを侮辱として認めることを否認する姿勢が、今日における新たな侮辱を生み出している。

今日の京都大学当局は「土人」という侮蔑的ニュアンスの言葉を直接的に投げかけているわけではない。だが沖縄の高江へリパッド建設現場では、機動隊員が反対派住民に対して「触るな。土人」という言葉を投げつけている（『沖縄タイムス』二〇一六年一〇月一九日付）。また、山極壽一京大総長は、二〇一九年八月六日に開催された京都大学職員組合との懇談において、琉球人骨問題が取り上げられた際に「このことを問題にしている方はかなり問題のある人だとも承知しています」と発言している。この言葉は、構造的な権力関係に属する問題を一方的に評価した人柄の問題にすり替えつつ、「土人の身に不相応」「土人を追っ払え」といっているのに等しい。さらに、「琉球遺骨返還請求訴訟」において、被告京都大学は博物館が松島の要求に応えなかったのは研究方法の具体的な記載などがなかったことだと主張しているが、この説明は「標本利用申請書」に添付された「質問書」への回答すら拒絶した事実を意図的に隠蔽している。

かくして以前の侮辱を否認する行為が新たな侮辱を生み出し、植民地主義の実践としての侮辱を反復している。このような暴力の連鎖を打ち破り、京都大学に「説明責任」を実践させるためには、訴訟に勝利するほかはない。たとえ遅ればせながらであっても、筆者もその隊列に加わりたい。

第5章 「自由の風」が止むとき
――京都大学総長選（二〇二〇年）の顚末

〈解題〉二〇二〇年七月の京大総長選は、当時暗礁に乗り上げていたさまざまな問題に解決の糸口を見出すのに絶好の機会だと考えていた。ところが、民主的な選出を求める声を封殺するやり方で、湊長博氏が新総長として選出された。このときの落胆を契機として京都大学のみならず他大学で起きている事態に関心を強め、本書第Ⅰ部で論じたように国立大学法人法「改正」案への関心を深めることになった。ここに掲載した文章は、「改正」案反対への取り組みを契機として編集した『「私物化」される国公立大学』の一章を加筆修正したものである。（初出：二〇二一年九月）

歪められた総長選

二〇二〇年秋、東京大学や筑波大学における学長選考の不透明さが新聞で報じられた。対照的に、その二カ月ほど前に行なわれた京大のケースはさして注目を浴びることもなく、あたかも何事もなかったように結果だけが報じられた。だが、水面下でやはり不透明な事態が生じていた。

総長選考の第一段階は、二〇年六月一二日の学内予備投票だった。予備投票とは、最終段階に残る候補を決める一歩手前の段階の投票である。現職の理事・専任教授一〇〇〇名近くの名簿から一人を選んで教職員が投票し、教育研究評議会が得票上位の者一五名を総長選考会議(以下、選考会議と略す)に推薦する仕組みになっていた。とはいうものの、予備投票の結果について、どのように票が分布したのか、上位得票者は誰なのか、教職員に対しても明らかにされなかった。「厳格な箝口令が敷かれている」という噂が漏れ聞こえてくるだけだった。

七月三日、選考会議はこの予備投票で選ばれた候補者一五名のうちから六名を「第一次候補者」として選出して学内ポータルサイトで名前を公表し、所信表明を配信した。さすがに箝口令は敷かれていなかったものの、教職員向けポータルサイト限定での公表は、学外者はもちろん、学生に対しても周知するつもりはないという姿勢を表していた。六名の候補者の予備投票における順位も明らかにされなかった。

なぜこんなにも基本的な情報が秘匿されるのか。その理由すらわからない状態で七月二〇日の「意向調査」を迎えた。その結果を得票上位順に記すと次のとおりである（百分率は筆者が試算したもの）。

湊　長博（理事・副学長）　六四〇票（三七・〇％）
寶　馨（総合生存学館長）　三九八票（二三・〇％）
大嶋正裕（工学研究科長）　三六四票（二一・〇％）
時任宣博（化学研究所・教授）　一七一票（九・九％）
北野正雄（理事・副学長）　一一七票（六・八％）
村中孝史（法学研究科・教授）　四一票（二・四％）

このうち湊氏（元医学研究科長）と北野氏（元工学研究科長）は山極壽一総長のもとで大学執行部（学長・理事・副学長）を構成しており、村中氏も副学長に就任した経歴をもつ。湊氏は二〇一四年の総長選考の際に決選投票で敗れたが、山極総長により理事に登用され、一七年には新たに創設されたプロボスト（総括副学長）に就任していた。

残り三人（寶、大嶋、時任の各氏）の得票は執行部への批判票と見ることができるが、見事なまでに票が割れていた。もしも予備投票の得票順位が明らかにされていれば有力な候補者に票が集中した可能性が強いので、箝口令が大いに功を奏したといえる。情報の秘匿は、湊氏のように学内での知名度の高い人物にとって有利に働いたと考えられる。もっとも、「意向調査」の上位二名で「再意向調査」――二〇二〇年から決選投票はこのように呼ばれるようになっていた――を行なえば、この結果はひっくり返るかもしれなかった。ところが、「意向調査」の翌日、選考会議は「再意向調査」を行なわないことを決定し、湊氏を最終的な総長候補者とすることとした。

決選投票をしないという選択は、二〇二〇年の「意向調査」と一四年の「意向投票」の性格の違いを端的に物語る。一四年の時点では意向投票で過半数得票者がいない場合には「得票多数の者二名について、決選投票を行う」という過半数条項が存在した。ところが、選考会議は総長選考に先立って、あらかじめこの過半数条項を削除していたのだ。一九年一〇月二八日の選考会議で削除を決定し、翌二〇年一月二一日に選考会議の議長である鷲田清一氏が教育研究評議会議長としての山極壽一氏に送付した文書で「別紙の方法により選考を実施することに決定いたしました」と報告している。その「別紙」の資料には、改正の要点として「決選投票なし」「意向調査で得票上位の者について学内の意向を再度調査できる」と記していた。「できる」というのは「しなくてもよい」ということである。一月二八日の教育研究評議会は、この改正について「所用の改正等を行う旨説明があり、審議の結果、了承された」と議事録に記している。つまり、選考会議の決定を単に追認したのである。

もともと過半数条項は、選考会議による恣意的な判断を防ぐための強制規程だった。選考会議委員が総長になってほしいと願う候補が第一位ならば決選投票は行なわないが、第二位ならば決選投票をして逆転を狙う、というようなことはあってはならないからである。ところが、選考会議はこの自らを拘束する規定を削除して「再意向調査」の実施についてフリーハンドの権限を確保したうえで、行なわないことを選んだわけである。「えっ？　決選投票をしないの？」と驚愕し絶句したときには、すでに総長選考は終わっていた。過半数条項の削除がもつ重大な意味に気づいたのは、実はその後のことである。

訴え、訴えられる京都大学

選考手続きの不透明さは、プロボストである湊氏を後釜にすえるべく、あらかじめ周到な準備がなされていた印象さえ与えてしまう。湊氏が総長に就任した際、選考会議委員の一人であった平島崇男理学研究科長を理事に登用したことも、そうした印象を強めた。スポーツの試合で不審な動きを見せた審判員が、試合終了とともに試合中に肩入れしていたと見えるチームのコーチに招聘されたような事態といえる。

なぜ決選投票をしなかったのかという京都大学職員組合の公開質問状に対して、鷲田清一氏は、すでに選考会議議長の役職を降りているという理由で回答しなかった。それでは後任者が回答せよと要求したところ、半年あまりを経てようやく「総長選考会議で協議した結果、再意向調査を行う必要はないと判断しました」という「回答」が寄せられた。

総長選考の過程において、一般の教職員や学生の側では、山極総長のもとでデッドロックに乗り上げていた学内の諸問題を学内・学外に発信して公論化しようとしていた。六名の候補者に対して提出された公開質問状からその一端をうかがうことができる。質問状を提出したのは①京都大学職員組合（以下、職組）、②教員有志による「自由の学風にふさわしい京大総長を求める会」、③吉田寮自治会、④学生サークル「学問と植民地主義について考える会」である。学生有志が立ち上げた「京大総長選学生情報局」のサイトから質問と回答の一部を紹介したい。*1

①の職組の公開質問状では、教員への年俸制度導入、時間雇用職員の「五年雇い止め」など労働条件にかかわる案件に加えて、タテカン（立看板）の撤去について質問していた。かつて京都大学の外構にはタテカンが林立していたが、そのなかには学生の立てたものばかりでなく、職組や近所の保育園によるものも含まれていた。ところが、二〇一八年五月以来、執行部は京都市屋外広告物条例への違反を理由としてすべて撤去、再掲示してもすぐに撤去した。京都大学の基本理念は「開かれた大学として、日本および地域の社会との連携を強める」と謳っている。ならば道ゆく人びとに大学発のさまざまな声を届けることこそ、大学を地域社会に

開いていくことではないか。こうした問いかけに回答を寄せた五氏（北野氏のみ未回答）のうち、湊氏と村中氏は「条例を遵守すべき」という趣旨の回答をするにとどまった。だが、職組のタテカンは条例の定める面積等の基準を満たしていたので、条例のどこに違反しているかすら明確ではなかった。職組は湊総長誕生後も団体交渉で撤去の法的根拠について問いただしたが、ついに納得のいく説明は得られなかった。そのため、タテカン撤去は憲法に定める「表現の自由」と労働団結権の侵害であるとして、京都大学法人と京都市を提訴することになった（二〇二四年七月現在、京都地裁で係争中である）。

③の吉田寮自治会は、ハラスメント相談窓口の改善、留学生への言語保障などの質問に加えて、執行部が吉田寮生を被告として立ち退きを求める訴訟を提起したことについて意見を聞いた。

吉田寮「現棟」と呼ばれる木造二階建ての建築物は一九一三年竣工、一〇〇年を超える歴史的建築資産だ。どうすれば、その歴史的性格を保ちながら補修できるか、寮自治会と執行部で話し合いを重ね、その合意事項を「確約書」として文書化してきた。ところが、二〇一七年末になって執行部は「確約書」に反して、「学生の安全確保」が緊急の課題であるという理由で全寮生の退去を求めた。翌年には川添信介厚生補導担当副学長が「確約書」への署名は「半ば強制された」ものであるからその内容に「拘束されることはない」という見解を示した。これに対しては寮自治会との団体交渉に臨んだ教員からも異論が上がり、尾池和夫元総長も「歴史を書き換えるのか」と執行部の対応に疑問を呈した。[*2]

二〇一九年二月には寮自治会が譲歩し、現棟補修・点検のための立ち入りが認められるならば新棟（二〇一五年竣工）に移転してもよいという見解を公表した。しかし執行部は、新規入寮者を独自に選考するという寮自治の慣行をやめなければ移転を認めないという見解を表明、その二カ月後、現棟の明け渡しを求めて寮生二〇名を提訴した（二〇年に二五名を追加提訴）。教授会に対しては提訴の決定について簡単な事後報告がなされただけであり、長年にわたり寮生対応にあたってきた職員もこれに先立って異動させられていた。学生への管理強化と並行して、教職員も無力化されていたのである。

執行部の強硬な態度の背後には、文科省の思惑があるようだった。文科大臣の任命した監事は、「監査報告書」（二〇一九年）で吉田寮問題に言及して「不適切な入寮選考は改めるべきである」として、早く更地にして新しい寮を立てよと記している。[*3]「吉田寮敷地の有効活用」を図ったほうが高額な寄宿寮を徴収して財務を好転できるからであろう。困窮した学生にとってのセーフティネット、シェルターという自治寮の役割は眼中になかった。吉田寮自治会による公開質問状に対して回答を寄せたのは寶氏と時任氏のみであった。湊氏と北野氏に至っては郵送された公開質問状を「受取拒絶」として送り返していた。

④「学問と植民地主義について考える会」は、戦前に京都帝国大学の学者が強権的な手法で「収集」したアイヌ民族、琉球民族、奄美人の遺骨について返還や話し合いを求める要求にど

のように応えるのかという問題を提起した。二〇一七年春、沖縄出身の松島泰勝氏（龍谷大学教授）が遺骨の保管状況確認や収集経緯の説明などを求めた際に執行部は回答を拒否、その後も同様な態度だったために松島氏は遺骨の祭祀承継者（遺族）らとともに遺骨返還を求めて京都大学を提訴した。湊氏はやはり回答を寄せなかった。湊総長が誕生したのち、研究者と当事者三〇〇名あまりが連名で、研究倫理にかかわる京都大学の姿勢を問いただす「要望書」を提出した。賛同者のメッセージは次のように記している。

「奪われているのは『遺骨』だけではありません。人としての尊厳です」

「市民社会に疑念をもたれないこと、市民から真理探究の機関としてリスペクトされること。これが二一世紀における大学や研究機関の正しいあり方への試金石になると思います」

「研究者達はまず、語るポジションを降りなさい。人の話を聞きなさい。訊かれたら答えなさい。自分達が対象化し奪ってきた相手の人達が語るための下働きをしなさい。

『学問の自由』は他者を搾取する自由としての面が強くあります。

『学問の自由』を貫きたいなら、学問に関わる大学の、自分達の在り方に責任を持ちなさい。自分達が主体になって総括しなさい。

それが今後も大学を続けるための、最低要件です」

大学当局の回答は「本学収蔵品については、現在、順次学内で調査を進めているところです。このため、学術上、調査の途上にあり、その内容に関する問合せには応じかねます」という一行だった。[*4]

「京大総長選学生情報局」を運営する学生たちが行なった不信任投票（複数回答可）では、湊氏を不信任とする者が圧倒的に多かった。学生からは次のようなメッセージが寄せられた。

「質問状に回答しない、あるいは無視するといった候補者は、今後も学生からの意見を無視しつづけるのではないかという懸念があり、とうてい信任することはできない」

「現場の教職員、学生など当事者の声を無視し、印象と噂をアテにして本部が何でも決めてしまう体制では、トップの想像力の欠如の皺寄せを現場が押し付けられるだけです」

「もう自由の風吹く京大は今すぐ死ぬか、緩慢に死ぬかの二択しかないのだと絶望した」

執行部の側でもさまざまな事情があることだろう。タテカンについては歩行者の安全への配慮が必要であり、吉田寮については老朽化対策が急務であり、遺骨問題については返還先とされる市町村の事情もある。ことは決して単純ではない。そのことは理解している。しかしそれでも、教育・研究の場にふさわしい対話がなされないままに、京都大学執行部が学生を訴え、職員組合や市民から訴えられる状況はやはり異常というほかない。

「対岸の火事」という思い込み

二〇二〇年九月になって東京大学や筑波大学の問題が報道されるに及んで、ことは京大だけの問題ではないと強く感じることになった。

東京大学では第一次総長候補者――京都大学での予備投票候補者に近似――一一名の氏名・職名が公表されないままに第二次総長候補者三名が選ばれたことに対して、学内民主主義を骨抜きにするものという批判の声があがっていた。情報の不開示と秘匿主義は共通していた。北海道大学の選考会議は、解任した名和豊春前総長の後任の選出にあたって過半数得票者がいない場合でも決選投票を行なわないという規程改正を行なった。京大で過半数条項が削除されたのと同じ二〇一九年末のことだった。

筑波大学では、現職の永田恭介学長が「意見聴取」において大差で敗れたにもかかわらず、選考会議により再選されたうえに、通算任期の上限さえも撤廃された。このときに「筑波大学学長選考を考える会」の発した「緊急声明」では、永田学長に対して「大学内のあらゆる民主的な手続きを破壊してきたあなたの権謀術数（マキャヴェリズム）は見事というほかありません」と精一杯のアイロニーを込めて語りかけていた。*5

こうした声明を契機として大学を越えた情報交換が始まり、意向投票の形骸化や廃止への道筋が、二〇一四年の学校教育法および国立大学法人法の一部改正に際しての施行通知（以下、「施行通知」と略す。本書二三三頁参照）により形づくられていたことを知った。気づいてみれば、すでに多くの大学で意向投票は廃止されていた。福岡教育大学では、早くも二〇一三年に選考会議が意向投票の結果を覆して現職を再任する事態が生じていた。国立大学法人法の改正が施行された一五年にはさらに意向投票そのものが廃止されていた。大分大学でも一五年に意向投票を廃止、学長の通算任期の上限も撤廃していた〔本書第I部第2章参照〕。

それまでにも「学長独裁」とも呼ぶべき状況を伝え聞いてはいたものの、どこかで「対岸の火事」のようにみなしていたことが悔やまれた。大学の立地や沿革により一定の「時差」をはらみながらも、すべての国公立大学を巻き込まずにはおかない変化が進行中であり、京大はむしろ例外的な「無風地帯」であったのだと気づかされた。私立大学を含めて、すべては地続きなのだ。

京大では二〇一四年に総長選考にかかわる意向投票の廃止を阻止したわけだが、京都大学でいったん振り払ったつもりの火の粉は、施行通知における行政権力の濫用を介して多くの大学を焼き尽くしていた。そのうえで、二〇年になって搦め手から再び京大に迫ってきたともいえる。すでに大学本部事務棟はプロのガードマンにより常時厳重に警備され、学生らによる座り込みなど思いもよらない状況になっていた。

「大学の企業化」への圧力のなかで

それにしても、企業では社員の投票により社長を選ばないではないか、なぜそこまで投票にこだわるのか、という疑問もありえよう。経団連の提言にも、そのような苛立ちが滲んでいる。経済同友会による「私立大学におけるガバナンス改革」（二〇一二年）では、もっと直截に、学長選挙を廃止すべきとしたうえで、教授も「雇用契約をしている従業員」として組織運営に関しては「学長や学部長の指揮命令系統下に置かれるべき」だと書いていた。[*6]

こうした提言の背後には、産業界、さらに文科省や内閣府が、大学を「イノベーション」の拠点としようとする期待があった。この期待と苛立ちが表裏一体となって、学長選挙の廃止を手初めに「大学の企業化」の推進を迫る力となる。

だが、やはり大学と企業は異なる。大学は研究成果の公開を重視するのに対して、企業はそうではない。「大学の企業化」は、研究・教育・医療の質的な低下をも引き起こす。古川雄嗣が指摘したように、研究にも教育にも（そして、おそらく医療にも）「思いがけない結果」がつきものである。つまずきや偶然性にさらされることこそ具体的に人間と向き合っていることの証拠であり、研究と教育の質を改善するための手がかりでもある。トップダウン方式で計画と目標を徹底的に管理してつまずきや偶然性を排除しようとすることは、研究と教育を痩せ細らせる。[*7]崩壊した旧ソヴィエト連邦の「五カ年計画」のような方式は実は「イノベーション」を妨げるものにしかならないのだ。

統治体制という点では、企業における役員会への権限集中は、株主総会が役員の選任・解任の権限をもつのと拮抗する関係にある。だが国立大学の場合、株主総会もなく、株価が下落する心配もない。高額の授業料を負担している学生や保護者は株主に近い存在のはずだが、学内にいる学生には学長を選任・解任する権限を認めていない。一方、予算を握る政府・文科省の意向は絶えず忖度しなくてはならない。つまりここには民間企業の厳しさもなければ、国からの自律性もない。だからこそ、学長専横への歯止めとして学内構成員による投票を実施し、教職員はもちろん学生を含めて研究・教育・医療の現場にある当事者の声に耳を傾けさせる手続きが不可欠なのである。

法人化を契機として「社会」に向けて大学を開くべきだといわれてきたが、文科省からの天下り官僚の受け入れや一部企業との産学連携が進められたにすぎない。総長選考の過程における箝口令が物語るように、一般市民、地域住民や学生・保護者の体現する「社会」との関係は、法人化以前よりも後退している。大学の役員室の窓を開け放たせ、社会から大学へ、大学から社会へと自由の風を環流させなくてはならない。

註

＊1 「京大総長選学生情報局」ブログ。https://sites.google.com/view/ku-sochosen-gakusei-johokyoku/（二〇二四年七月一七日確認。）

＊2 広瀬一隆「京都大吉田寮問題とはなにか——大学自治の行方」『SYNODOS』二〇一九年七月一六日。https://synodos.jp/opinion/society/22875/（二〇二四年七月一七日確認。）

＊3 東島清・丸本卓哉「平成三〇年度監事監査に関する報告書」二〇一九年六月。https://www.

kyoto-u.ac.jp/sites/default/files/embed/jaaboutfoundationaudit_allauditdocumentsh30h30kanjikansahoukoku.pdf（二〇二四年七月一七日確認。）

＊4 「人骨問題を考える公開学習会@京都大学」ブログ。https://honetori.exblog.jp/29340752/（二〇二四年七月一七日確認。）

＊5 「永田学長再選を受けた緊急声明（一〇月二一日）不正な選考を認めない。学長、副学長の責任を問う」。https://university.main.jp/blog8/archives/2020/10/1021.html（二〇二四年七月一七日確認。）

＊6 経済同友会「私立大学におけるガバナンス改革」二〇一二年三月二六日。https://www.doyukai.or.jp/policyproposals/2011/120326a.html（二〇二四年七月一七日確認。）

＊7 古川雄嗣「PDCAサイクルは合理的であるか」藤本夕衣・古川雄嗣・渡邉浩一編『反「大学改革」論——若手からの問題提起』ナカニシヤ出版、二〇一七年、一九頁。

第6章　大学ファンドに色めき立つ大学
――「効率化」が切り捨てるもの

〈解題〉国際卓越研究大学をめぐる問題については本書第Ⅰ部でも論じたが、ここでは京都大学における保健診療所と高等教育研究開発推進センターの廃止という問題と関連づけて、国際卓越研究大学に最適化するための措置がさまざまな犠牲を生み出していることを論じた。二〇二四年七月現在、保健診療所は廃止されたままであるものの、保健診療所の担っていた精神神経科の診療を復活させる必要があるのではないかという議論が起きている。高等教育研究開発推進センターについては、蓄積した動画コンテンツを視聴できるサイトは存続しているものの、ほとんどすべての事業が廃止されたままである。（初出：二〇二二年一〇月）

「毒まんじゅう」は栄養満点?

二〇二二年五月、「国際卓越研究大学の研究及び研究成果の活用のための体制の強化に関する法律」が国会で成立した。筆者の勤務する京都大学では職員組合が国際卓越研究大学への申請に反対する声明を公表したものの、全体としていえば、大学ファンドへの期待に色めき立っている。まだ申請も決まっていないのに、巨額の資金を必要とする話題が出ると「大学ファンドのお金があればなんとかなるよ」と交付が決まったかのような発言がなされることもある。筆者は、口ごもりながら反論する。「大学ファンドは毒まんじゅうだよ。今よりもっと極端なトップダウンの仕組みを求められる」「この低金利の時代に期待どおりの運用益が得られる保障はどこにもない。損失の埋め合わせが大学に求められる可能性だってある」。だが、そんな言葉はむなしく虚空に消えていくような感覚を覚える。「とにかくお金が必要なんだ。毒まんじゅうだろうがなんだろうが、栄養分だけ吸収してうまく消化できるはずだ」。あるいは空耳かもしれないが、そうした声が聞こえてくる。

ほかならぬ自分自身の足元が揺らいでいることを自覚しながら、考えてみたい。研究や教育にかかわる個々の営みの根底にあってこれを支えている構造(組織機構・財務・人事)がどのような地滑り的変容を起こしつつあるのか。それは国際卓越研究大学としての認定に向けて大学が自らを最適化していく動きとどのように連関しているのか。具体的には、京都大学における二つの全学施設──保健診療所と高等教育研究開発推進センター──の廃止に着目し、一見すると無関係に見える出来事もまた国際卓越研究大学に向けての最適化の流れのなかにあることを示したい。

なお、ここで京都大ローカルともいうべき出来事に着目するのは、そこだけに特別な重要性を付与するためではない。第I部第3章に記したように、筆者は、日本社会全般における民主主義の衰退と新自由主義の蔓延こそが問題の根源であり、大学もようやくその圏外ではありえなくなったのだと考えている。大学は、今まさに崩壊しつつある氷河の露頭のようなものである。観測地点により調査結果も異なるものとなるだろうが、まずは自らの足元を掘り下げることで深層の動きに迫ることをめざしたい。

断ち切られる「命綱」

二〇二一年一二月一日、京都大学環境安全保健機構が保健診療所（以下、診療所）の廃止をホームページで告知した。神経科の初診受付は一週間後の一二月八日をもって終了し、二二年一月三一日にすべての診療を終了するという。診療所は一〇〇年近い歴史をもつ。医師、看護師、保健師、薬剤師、医療事務職員が常駐し、内科および神経科の診療を行なってきた。費用について常勤教職員は三割負担だが、学生や非常勤教職員については相談・診察は無料で、薬剤・検査は実費とされていた。

突然の通知に間髪を入れず対応したのは、学生たちであった。告知の翌日には、理学部学生である山村沙南氏が診療所の存続を求めるオンライン署名（Change.org）を立ち上げた。[*1] 呼びかけに賛同する学生たちが中心となって「京大保健診療所の存続を求める会」（以下、求める会）をつくり、六日には一一〇〇筆を超える署名に「要求書」を添えて環境安全保健課に提出した。筆者も趣旨に賛同する者として署名提出に立ち会ったが、環境安全保健課の職員さえも突然の終了告知にいぶかしげな風だった。翌日には、京都大学職員組合が「保健診療所診療終了の見直しを求める要請」を総長宛に送付した。

オンライン署名の呼びかけ文では診療所の神経科を自分たちの「命綱」と表現したうえで、次のように訴えている。外部の精神科受診は心理的にもハードルが高いうえに、初診を予約してから数週間以上待たされることも少なくない。自分で病院・医者を探せばよいといわれても「病気でそれだけの気力・体力が失われている」こともあり、「一番相談したい辛い時期にただ一人で耐える」ことになる。「コロナ禍の中で孤独を強いられて強いストレスに晒されている」学生にとって、診療所を廃止したら「死者が出る可能性」すらある。

求める会の提出した「要求書」でも同様の主張を展開したうえで、「神経科は、医師・薬剤師による投薬治療まで行える医療機関であることに意味があり、カウンセリングルームや相談室等での代替も不可能」と記した。学部学生相談室の相談員もまた、匿名のツイッター・アカウントで「学外の病院やクリニックに行くよりも受診のハードルが低いおかげで、これまでたくさんの学生さんが必要な時にすぐに医療につながることができましたし、学内で見守ってもらえているという安心感もありました」とつぶやき、診療所と相談室の連携こそ大切という思いを戸惑いとともに表明していた。

これに対して、一二月八日付で村中孝史理事と吉﨑武尚環境安全保健機構長が連名で見解を公表した。そこでは一二月八日以降も「当分の間」は神経科初診の受付を継続すると一定の譲歩を見せながらも、次のように苦しい論理で廃止の方針を正当化した。診療所では「健康保険等を使用することができない、そのため安価な治療薬しか処方しない、また、医師数に限りがあり、利用者数も減少している。他方、「メンタル不調を訴えてカウンセリングルームを訪れる学生」は増加しているので、学生相談体制を強化する。学生の皆さんには「ご不便」をおかけするが、「人員や予算に限りがある」ことを理解してほしい。相談窓口で医師の診断が必要と判断された場合には精神神経科医が診断し、希望に応じて外部の医療機関を紹介する。

この回答は、診療所を廃止すべき根拠が薄弱であることを浮き彫りにしている。「安価な治療薬しか処方しない」ならば、投薬のあり方を改善すればよい。利用者数の減少が事実であるとして、コロナ禍がどう影響しているのか、どうしたらより多くの人が利用できるのかを考えるのが教育機関として当然の対応である。ところが、「人員や予算に限りがある」の一言でそうした可能性を遮断してしまっている。投薬治療まで行なえる医療機関を相談室等で代替できない以上、相談体制を強化するという見解も回答になっていない。わずかに意味のある部分は、精神神経科医が外部の医療機関を紹介するという回答である。だが、それならば内部の医療機関（診療所）と外部の医療機関の連携をスムーズにすることをめざすべきである。なぜ診療所を廃止するのか。疑問はふくらむばかりだった。

その後、村中理事がオンライン署名に対して「署名に所属が書かれていないため要求書に対して回答しない」という見解を表明したので、求める会は学内限定の署名も募り、二〇二二年三月にあらためて「要求書」を提出し、記者会見も行なった。職員組合は、衛生委員会――労働安全衛生法で事業者に設置を義務づけている組織――にすら附議せずに廃止を決定した問題を団体交渉で追及し、診療の継続を求めた。だが、三月末をもって診療所は廃止され、代替施設も設けられなかった。求める会のある学生は「大学側は学生の意見を聞くことはないんだなという無力感は、多くの学生が共有している気持ちだ」という思いを吐露している（『週刊女性Prime』二〇二二年二月八日）。

それにしても、なぜ、コロナ禍が継続する時期に、大学当局は心身の不調に苦しむ学生や教職員の「命綱」をあえて切るようなことをしたのか。あらためて調べてみると、次のようなことがわかった。

現在の国立大学法人では学長および理事で構成する「役員会」が重要事項を決定する権限を

もち、教学（教育・研究）に関することがらについては各部局（研究科・研究所など）の代表を含む「教育研究評議会」で審議する仕組みとなっている。昨年〔二〇二一年〕七月に役員会および教育研究評議会で診療所廃止の方針を了承していた。もっとも教育研究評議会の議事録は「企画委員会での審議結果について説明があり、審議の結果、了承された」と記すのみであり、診療所の廃止には言及していない。教授会では教育研究評議会の報告がなされるが、研究科長や評議員が意識的に問題を取り上げないかぎり、膨大な報告事項にまぎれて議事録レベルの内容すら伝えられないことが多い。

診療所廃止という方針の原案を定めた企画委員会とは、政府・文科省の推奨する「トップダウン型の意思決定」を象徴する組織であり、役員会の諮問に応えて「教育研究組織の設置及び改廃」について審議する役割を担う。村中孝史企画担当理事、五名の研究科長、一名の研究所長またはセンター長など少数の人物で構成される。不思議なことに、他の重要な合議体とは異なり、委員一覧も、議事録も京都大ホームページで公開されていない。

この企画委員会が国立大学法人の第三期中期目標期間（二〇一六〜二一年度）における全学組織の活動を評価し、第四期を見すえた方針を定めた。

この見直し作業のなかで、これまで診療所を所管してきた環境安全保健機構と、学生相談室を所管する学生総合支援センターの関係を整理し、後者を学生支援機構に再編してコストの削減をめざすことになったわけである。診療所廃止はそのための措置であり、附属病院による薬剤師の派遣、診療経費の負担が不要となることでコストカットにつながるとされた。残された資料から判断するかぎり、コロナ禍にあって病院に行く気力・体力すら失われがちな学生たちの姿はそもそも眼中になかったと見るほかない。なぜ二一年度末に廃止したのかという点についても、第三期中期目標期間（二〇一六～二〇二一年度）の最終年度だったということ以上の理由は見出せない。

ないがしろにされる現場の知

保健診療所の廃止が告知された二〇二一年一二月、企画委員会は高等教育研究開発推進センター（以下、高等教育センター）を廃止する方針も定めていた。二二年一月の教育研究評議会議事録では「高等教育研究開発推進センターの在り方に係る方向性について、企画委員会における審議結果の説明があり、審議の結果、了承された」と記している。診療所の場合と同様、廃止という方針については明記していない。

高等教育センターは、一九九四年に設立された「高等教育教授システム開発センター」を前身とする。長年にわたって大学を「教育」の場としてとらえる視点が乏しかった状況のなかで高等教育の教授法、教育課程、教育評価を研究・開発するためのセンターは稀であり、文部省（当時）も五名の教員定数を純増するという大盤振る舞いで設置を後押しした。

センターは、研究紀要の刊行や大学教育研究フォーラムの開催、教育学研究科と連携した研究者養成などを通じて、高等教育研究の全国的な拠点として機能してきた。情報通信技術（ICT）を利用した教育・学習支援にも尽力し、京都大の講義や国際会議をオープンコースウェア（OCW）としてユーチューブで公開、チャンネル登録者数は一〇万人に達した。また、課題を課して修了証も交付する大規模公開オンライン講義（MOOC）は世界中の大学に広がり、互いに利用し合うこともある教育イノベーションであり、社会人の学び直しにも活用されてきた。現在までの京都大学MOOCの受講者数は二八万人を超えている。

ところが、企画委員会の決定により、センターは二〇二二年九月末日をもって突如廃止されることになった。当初は診療所のケースと同様に二一年度末に廃止予定だったが、九月に延期されたのだという。センター長たる飯吉透教授は「〔センターの〕取り組みや成果が国内外で高く評価されてきたことを鑑みても、このような組織的帰結を迎えなければならないことは至極遺憾」と無念の思いを記している。*2

さらに、センター廃止が決まった時点ではOCWやMOOCなどの事業の存続は未定だったが、二〇二二年八月になって大学執行部が打ち切りを通告、OCWについてはその存続について折衝中である。飯吉氏はこの問題について「知の社会還元のために京大が蓄積してきたコンテンツを捨てようとするのは理解に苦しむ」と語っている。これに対して、廃止の理由を問われた大学広報課は「個別具体の検討状況は答えかねるが、時代のニーズに対応した教育内容・体制の改善を進めていく」という見解を示している（『京都新聞』二二年八月一九日付）。説明責任を放棄した紋切り型の回答は、「時代のニーズ」を見誤っているというほかない。しかも、それは京都大のことにとどまらず、全国各地で大学の知を公共財としてオープンにしていこうとする動向に逆行し、これを否定する意味を客観的にもってしまう。実際、村上正行大阪大学教授らは「教育を支える公共財に対する攻撃」として、高等教育センターの機能存続を求めるオンライン署名（Change.org）を立ち上げている。

あまりにも重大な決定にもかかわらず、さまざまな関連資料に目を通しても、高等教育センターを廃止すべき理由は、どこにも見当たらない。むしろ廃止決定後にもその全学的な貢献を高く評価する記述が目につく。たとえば、「高等教育研究開発推進センターはオンライン／ハイブリッド型授業を支援するための学内講習会を四二回開催し、『コロナ禍に立ち向かう〜京都大学の取り組み〜』として京都大学アニュアルレポートにも取り上げられ、全学的に貢献した」という具合である。*3 筆者も「今、京大の学生に必要な支援・配慮を考える」というセミナーに参加し、学生総合支援センター・カウンセリングルームの教授が「コロナ禍だからこそ、なんとか工夫して学生の課外活動を保障すべき」と話されるのを深くうなずきながら聴いたことがある。

高等教育センター廃止の本当の理由は何か。わずかな手がかりは、これまでセンターが担ってきた業務のうち継続が必要なものは国際高等教育院および大学院教育支援機構に移行するとしている点である。この二つの組織で代替可能であるかのような表現がなされているわけである。だが、診療所と相談室との関係と同様、実際には代替は不可能である。

国際高等教育院は旧教養部を受け継いだ組織であり、二〇一三年に先行する組織を改組して設置された。その役割は各学部による学士課程教育の一部として教養教育・全学共通教育を行なうことであり、学部教育全体をカバーするわけではない。大学院教育支援機構は昨年〔二〇二一年〕一〇月に発足したばかりの組織であり、大学院共通教育の実施、大学院生キャリア支援などを行なうことになっている。学部教育とは無関係である。両組織ともに、高等教育にかかわる「研究」という機能を備えてはいない。

高等教育センターは大学教育の現場をフィールドとしながら、そこで見られるさまざまな課題を研究テーマとして引き取り、その結果を教育現場にフィードバックしていく機能を担ってきた。国際高等教育院や大学院教育支援機構にこうした役割を期待すべくもない。センター廃止を決定した時点ではあたかもその事業を他の組織が継承するかのように説明することで教育研究評議会などの承認を得たにもかかわらず、実際には、すでに記したようにセンターの事業の大半は継承されず、単に「捨てられる」ことになったわけである。

そもそも「センター」と「機構」は似て非なるものである。センターは教員組織であり、専任教員を置く。センター長は専任教員から選ぶことが一般的である。これに対して機構は事業組織であり、専任教員を置くとは限らない。大学院教育支援機構の場合、教育担当理事、副学長、専任教授のなかから総長が機構長を指名し、その機構長が副機構長を指名する。兼任の教授と事務職員だけという構成もありうる。「トップダウン型の意思決定」の原理に従って「機動的に」対応できることが機構のメリットとされるが、それは長期的な視野で研究上の知見を蓄積していく営みの断念と引き換えであった。

保健診療所の廃止も、学生総合支援センターを学生総合支援機構に改組する措置と連動していた。診療所に勤務していた精神科医はその廃止にともなって学生総合支援機構に移籍することになったが、その退職後に後任として精神科医が補充される保障はない。センターでカウンセリングにあたってきた教員についても、その定年退職後は特定専門業務職員にポストを流用する方針とされている。かくしてセンターから機構への転換は、教育や医療・相談の現場で日常的に学生に接してきた者たちの知の継承を困難としていく。さらにその根底には学生の置き去りという問題がある。診療所廃止の前提には学生の福利厚生（暮らしといのち）を軽視する姿勢があり、高等教育センターの廃止も学部学生の学習・生活支援をないがしろにする措置と評せざるをえない。

最も深刻な問題は、このような決定が実質的にごく少数の大学統治の担い手によりなされ、学外に対してはもちろん、学内向けにもまともな説明がなされないことである。京都大学の基本理念は「環境に配慮し、人権を尊重した運営を行うとともに、社会的な説明責任に応える」と謳っているが、「人権を尊重」や「説明責任」は文字どおりの空文と化し、学生や一般の教職員に対して「無力感」を学習させる場となってしまっている。なぜそうなってしまったのか。大学統治の担い手たる個々人の性向や利害関係もかかわっているだろうが、それだけでもない。予算削減という圧力が統治の担い手をして自らその必要性を説明できない「改革」をやらせているという構造的要因も無視できない。

縁故主義（ネポティズム）という土壌

大学当局の告示は、保健診療所の廃止の理由について、「人員や予算に限りがある」と説明していた。もちろん、人員や予算には限りがある。問題は、どのような優先順位で限られた資源を配分するかである。一連の経緯から学部学生の学習・生活支援の優先順位が下げられたのは明らかである。その対極には、優先順位の上がった項目があるはずである。たとえ明確な因果連関を見出すのは困難な場合でも、両者は連動している。大学院教育支援機構が立ち上げられて間もなく高等教育センターの廃止が決定された経緯にも、そうした連動関係を見出すことができる。

あらためて大学院教育支援機構の設置経緯を振り返ってみよう。機構設置の直接的な契機は、二〇二一年度補正予算四〇〇億円を背景に昨年一〇月に始められた「次世代研究者挑戦的プログラム」（ＳＰＲＩＮＧ）である。博士後期学生一人あたり生活費二四〇万円を支援する

という プログラムの内容は、日本学術振興会（以下、学振）特別研究員の制度とよく似ている。ただし、所管は学振ではなく、大学ファンドの運用にあたる科学技術振興機構（ＪＳＴ）である。

学振の助成事業は、学会から審査員候補者にかかわる情報提供を受けて審査員を委嘱し、専門家集団内部での相互評価（ピア・レビュー）に基づいた審査の公平性・透明性を担保することを重視してきた。これに対して、ＳＰＲＩＮＧ助成事業では各大学に事業計画を提出させたうえで、採択された大学の内部で支援対象とする大学院生を選定する仕組みとなっている。大学別・分野別に偏りが生じがちなうえに、助成対象の決定に情実の介入する余地も大きい。学会の機関誌編集などに際しては「利益相反」という観点から審査者が自分の所属する大学の大学院生の論文審査には加わらないことが一般的だが、大学の内部で審査を行えば「利益相反」の関係を避けるのは困難となる。

大学院教育支援機構は、このＳＰＲＩＮＧ助成事業などの受け皿として立ち上げられた。ただし、それだけならば、従来どおり教育推進・学生支援部のような全学事務組織に任せればよいはずであった。機構として立ち上げた理由は、国際卓越研究大学として認定されるのにふさわしい新機軸を打ち出すためであったと考えられる。その新機軸として「産学協同キャリア形成推進オフィス」が機構のなかに設置された。そこでは起業に必要なファイナンス、マーケティング、マネジメント等にかかわる知識と経験をもつ専門業務職員を雇用するとされた。

　この専門業務職員を破格の高給で雇用する仕組みが今まさに現在進行形で検討中である。すなわち、技術系職種の先端技術者のほか、産学官連携や国際交流、法務、知的財産管理、ファンドレイジングなど従来の職員の業務の範囲には収まらない専門的かつ高度な業務を担う者を「特定職員」として雇用することを検討、フルタイム勤務の場合、月額一二〇万円、時給換算で八〇〇〇円近くを上限とする職種を新設しようとしている。

　新たな職種の新設は、国際卓越研究大学として自らを最適化する試みの一つと見ることができる。二〇二二年八月三一日に科学技術・学術審議会に附議された「国際卓越研究大学の研究及び研究成果の活用のための体制の強化の推進に関する基本的な方針（素案）」では「世界トップレベルの研究大学に伍していくために必要な研究者や研究マネジメント人材、専門職人材等を確保するために必要な学内体制の整備」を進めて「国際研究協力を支える事務職員、ファンドレイザーや財務専門職員等の確保」が必要だとしている。[*4]

　ほとんど瓜二つともいうべき政府文書と学内文書を見比べていると、幻聴が聞こえてくる。「大学ファンドの運用益を受給しながら、それを元手としてさらに大学独自のファンドを蓄積していくためにはファンドレイジングの専門家が必要なのだ。たとえ月給一二〇万円が教授の月給の倍以上だとしても、同業者の水準から比すれば安すぎるくらいだ！」さらに続けて、やはり幻聴かもしれないが、次のような声も聞こえてくる。「政府・与党のお眼鏡にかなって年五〇〇億円ともいわれる大学ファンドの運用益を獲得できたら、それですべては解決する。学生の福利厚生を充実し、教職員の待遇を改善し、潤沢な研究資金を提供することだってできるのだ。つべこべ言わずに従え！」

すでに大学ファンド狂騒曲の犠牲に供されている者からすれば、「皮算用」に期待をつなぐことなどできない。現に研究や教育、暮らしにかかわる自分たちの権利が踏みにじられている以上、その回復が先決問題である。それでも、もしも大学統治の担い手が幻聴のような内容を率直に語り、学生も一般の教職員も意見を述べる機会が与えられるならばまだしも救いがある。だが、現実はそうではない。有無を言わせぬ強権的な意思決定のあり方が、絶望的な未来を約束している。

現在進行している事態は、ごく少数の人物による恣意的な資源配分への道を開くという懸念もある。大学における教員人事は、学会での研究業績など専門家集団内部での相互評価に基づいて行なうことが原則のはずであった。また、国立大学の場合には、六五歳定年制の一律適用が少なくとも常勤教員の内部では平等性を担保してきた。ところが、近年になってこうした原則の「例外」が肥大化している。大学院教育支援機構のような全学組織では各部局との調整や管理運営に長けた「シニア教員」や「国内外の卓越した研究者」を確保する必要があるという理由で、定年制を一律適用しないこととする「改革」が近年になって相次いでいる。そもそも総長も定年制の適用対象ではない。その総長が機構長を指名し、機構長が室長を委嘱し、破格の高給で専門業務職員を雇用する。さらにこの組織が全体として、科学技術振興機構の事業の受け皿となり、「利益相反」にまみれた関係のなかで経済的支援の対象とすべき大学院生を選定する。

このような制度構造のなかでは専門性に基づいた公正な評価の原理はなし崩しとなり、情実や縁故の介在する余地が大きくなる。強大な権力をもつ者が、教員であれ、職員であれ、大学院生であれ、自らの覚えめでたい人物に利益を供与してさらに権力基盤を固める縁故主義（ネポティズム）の温床となる。財界の意向を背景に首相官邸が打ち出す方針に唯々諾々と従っているうちに、気づいてみれば、ネポティズムにまみれた首相官邸の似姿となってしまったともいえる。それはまた、現在の日本社会の状況――コストカットが自己目的のように語られ、現場の知がないがしろにされ、説明責任が当然のように放棄され、人命が軽視される状況――の縮図でもあるだろう。

国際卓越研究大学法が国会で審議されているさなか、知床遊覧船の沈没という痛ましい事故が起きた。報道によれば、操船については素人である社長が、海の怖さを知り尽くしたベテランの船長たちを事実上解雇し、経験の浅い船長を荒天でも無理に出航させていたという。国の検査を事故直前に受けていたにもかかわらず、業務用無線設備の不備も放置されたままだったという。沈没事故の犠牲者遺族にとっては本当にやりきれないことだろうが、事故は起きるべくして起きたといわざるをえない。しかし、これは他人事ではない。人命を軽視しながらコストカットを推進する事態が京都大でも今まさに進行中だからである。しかも、政府機構はこうした事態に有効な歯止めをかけるどころか、必要な予算を出し惜しむことでむしろ後押しをしている。

Microsoft Windows95を設計したエンジニアのひとり中島聡氏は、日本の企業が国際競争力を失った要因として、保守的な経営者が「いかに政府から流れてくるお金を手に入れるか」に最適化してしまったという問題を指摘している。[*5] 民間企業は国庫に頼らずに稼ぐのが当然であるにもかかわらず、一部の大企業は政府事業の「中抜き」その他の便宜供与に活路を見出すようになってきている。他方、国立大学法人は一定の教養と専門的知識・技能を備えた卒業生を市民社会に送り出す責務を果たすために国庫から基盤的経費を支給されるはずだったが、今や自ら「稼げる大学」となることを迫られている。どちらも政府・与党の顔色をうかがい、コネクションをつくり、「政府から流れてくるお金を手に入れる」ことに汲々としている。国際競争力をつけよ、研究成果を社会実装せよという政財界の大合唱にもかかわらず、このようにネポティズムにまみれた土壌から真に画期的な「イノベーション」など生まれるはずもない。

日本社会を侵食している病巣は広く、深い。「絶対的な権力は絶対的に腐敗する」という格言の真理性を、私たちは大学の内側でも外側でも再確認させられつつある。ほとんど底なしの腐敗から立ち直るためには、政権交代を実現して政治の場に緊張感を取り戻すことが最低限必要だと感じる。ただし、政権交代をしさえすれば、すべてうまくいくわけではもちろんない。むしろ大学に限らず、それぞれの生きる現場で理不尽な権力行使に対峙することの積み重ねが、政治と社会を根底から立て直すための潜勢力となるのだ。

大学ファンドについていえば、大学の内部でその受け皿を形づくる作業がすでに多くの犠牲を生み出してきた。強引な組織改変や恣意的な人事を通じて今後さらに多くの犠牲を生み出していくことであろう。大学ファンドの代償はとてつもなく大きい。そのことに対してありったけの注意力を注ぎ、教育・研究・医療の現場から大学統治の担い手の責任を問いつづける必要がある。

註

＊1 「京都大学保健診療所を廃止しないで下さい」二〇二一年一二月一日。https://www.change.org/p/%E4%BA%AC%E9%83%BD%E5%A4%A7%E5%AD%A6-%E4%BA%AC%E9%83%BD%E5%A4%A7%E5%AD%A6%E4%BF%9D%E5%81%A5%E8%A8%BA%E7%99%82%E6%89%80%E3%82%92%E5%BB%83%E6%AD%A2%E3%81%97%E3%81%AA%E3%81%84%E3%81%A7%E4%B8%8B%E3%81%95%E3%81%84（二〇二四年七月一七日確認。）

＊2 『令和三年度 高等教育研究開発推進センター活動報告』。https://repository.kulib.kyoto-u.ac.jp/dspace/bitstream/2433/274266/1/CPEHE_2021_a.pdf（二〇二四年七月一七日確認。）

＊3 『京都大学第五回教員活動状況報告書』二〇二二年三月。https://www.kyoto-u.ac.jp/sites/default/files/inline-files/kyouinhyouka202203_2-dbbb446d4cabf7aff47c171c96e655d1.pdf（二〇二四年七月

一七日確認。）

＊4　「国際卓越研究大学の研究及び研究成果の活用のための体制の強化の推進に関する基本的な方針（素案）」二〇二二年八月三一日。https://www.mext.go.jp/content/20220831-mxt_gakkikan_000024674_3.pdf（二〇二四年七月一七日確認。）

＊5　中島聡「『自民の悪事を暴いて牢屋に入れよう』衆院選で政権交代が実現する唯一の公約」二〇二一年七月二八日。https://www.mag2.com/p/news/505891（二〇二四年七月一七日確認。）

補遺　大学「喪失」の時代における学問

——藤田省三『精神史的考察』に寄せて

〈解題〉自分にとって大切な歴史書を紹介するという企画の一環として藤田省三『精神史的考察』（みすず書房、一九九七年）について論じた文章の一部を補筆修正したもの。藤田省三の論とつきあわせながら、大学の外構に林立するタテカンという「表現形式」が喪われたことの意味を考えた。この文章を読み返しながら、大学がいわば抜け殻的な「装置」と化すことをめぐる喪失感が、本書に所載した諸論を執筆する動機となっていたことに気づかされた。同時に、やはり藤田省三が論じているように、大切なものが決定的に損なわれてしまったことそれ自体を、一つの「経験」として生きることもできる。今日の大学をめぐる状況への絶望は、必ずしも学問そのものへの絶望ではない、むしろここから学問が始まるのだと信じたい。（初出：二〇一九年六月）

喪失の経験と向かい合うこと

あの青い空の波の音が聞こえるあたりに
何かとんでもない落とし物を
僕はしてきてしまったらしい

——谷川俊太郎「かなしみ」『二十億光年の孤独』（一九五二年）

藤田省三『精神史的考察』は、谷川俊太郎の詩「かなしみ」を思い起こさせる。かたやとてつもない博学を隠し味のように潜ませる硬質な文体の散文であり、かたやともすれば「青春の抒情」という文脈で解釈される詩の一連であるから、不釣り合いのように思える。ただ、喪失という主題は共通している。何かが「なくなった」と認識できるのは、なくなる前のことをはっきりと知っている者だけである。遅れてきた者には、「なくなった」ことすらもわからない。「なんだかよくわからないけれど、大切なものがなくなってしまったらしい」という感覚だけが刻まれる。喪失感の深さは「時代」によっても「世代」によっても異なるだろうが、喪失感から全く自由な「時代」や「世代」があるとも思えない。大切なものが少しずつ、しかし決定的に失われていく……。時代の流れにはあらがいがたいという無力感にさいなまれながら、それでもやはり「とんでもない落とし物」は何だったのかと考えたくもなる。『精神史的考察』は、そうした喪失の経験と向かい合うことが歴史的想像力の起点に存在することを示す。

「私たちはいますさまじい時代を生きつつある。物と人間との関係が根本的に変わって了ったのである」（一頁）。街の構造も、建造物も、手にする物も、あらゆるものが所与の「製品」として、あるいは完結した「装置」として与えられている。物の自然的材質に抵抗を感じながら戸板を修繕する、あるいは綻びを継ぎはぎしたときに生じる「更(あらた)められた新しさ」はそこにはない。人間のうちにあって生きて働くはずの理性は所与の新品のなかに吸収され、「入魂」された製品や装置が崇拝される。製品や装置の製作は「その直線性において官僚制に相似し軍事的処置に相応する」。これに対して、「経験の結晶は、物（事）との交渉の個別的なあり方に伴って生ずる一回的な固有性をどこかに含み持っている。それが相互性の痕跡であり社会的なるものの胚種である」（六頁）。

藤田省三は、『精神史的考察』（平凡社、一九八二年）の増補改訂版を『藤田省三著作集5 精神史的考察』（みすず書房、一九九七年）として刊行するにあたって、「序章に代えて」という言葉を添えて、「新品文化」と題する文章を冒頭に置いた。人と物（事）との相互交渉としての経験の喪失という、本書の主題を簡潔に語りきったものだからだろう。

「装置」としての国家を物神化することへの批判は、丸山真男門下の俊英としての藤田の代表的著作『天皇制国家の支配原理』（未來社、一九六六年）に通じる。だが、それから約三〇年後に書かれた本書の射程ははるかに広く、深い。時間的には「平安京」が先進大国たる中華帝国を模倣した「モダニティ」（新品性）の追求だったという次元にまで射程を広げる。さらには、国家体制に先立って、あるいはその外側に存在する「社会」のあり方を凝視している。「新品文化」に続く「或る喪失の経験——隠れん坊の精神史」では、「路地で子供の隠れん坊を見掛けなくなってから既に時久しい」（一〇頁）と何気ない風情で語りはじめながら、隠れん坊の鬼が目の前に誰もいなくなったときに感じる孤独のうちに世界各地のおとぎ話にも通底する、比喩的な死と再生の経験の祖型を見出す。国家制度上の「公道」と同じように路地を自動車が疾駆し、人びとが多目的に使う公共空間としての路地裏の世界が失われ、隠れん坊の経験が消えたことは、「人類の生活史」上の重大事件ということになる。たかが子どもの遊びごときで何を大袈裟な……とこれを笑う者は、藤田によりその不明を嗤われることになる。日常の生活様式のなかの些細とも見える変化の重大さを見抜くものこそ、歴史的な想像力のはずだからである。大学が喪われるという時代の変化もそれ自体として小さな変化の積み重ねの上に繰り広げられていた。

藤田の論の前提の一つとして、現代管理社会に鋭い批判を投げかけたフランクフルト学派の論がある。そのことは、テオドール・アドルノの亡命経験に一章を割いていることからもわかる。だが、「アドルノ曰く……」という形で、理論それ自体の祖述に努める書ではない。むしろ「日本史学」への批判的介入を試みながら、相互交渉的な経験の可能性を丹念に掘り起こそうとした歴史書といえる。「過去は既存の所与ではない、更めて発見されるもの」（一九四頁）と宣言する藤田は、律令国家体制の崩壊、江戸幕府の崩壊、天皇制国家の崩壊のように、社会的な逆転現象が生じた時代にとりわけ着目する。この逆転の時代にも「保育機構のエレベーター」（四〇頁）のなかにとどまりながら「制度の部品となっている函数的境遇の中での気晴らし」（二〇四頁）にいそしむ者がいる一方で、「保育機構」の外側に「落伍」しながら、権力者の忌諱に触れることを恐れぬ「異議申し立て」をおこなったり、「横議・横行」したりする者たちも登場した（一〇一頁）。藤田が注視しているのは、この「落伍」者たちが、時代との格闘のなかで生み出した表現である。

たとえば、芭蕉は、「名利驕慢」な京の俳諧師たちと袂を分かって「乞食者」へと「没落」する過程で「日常の何気ない風俗や生活や眼前の風景やそこで働く人びと」に出会い直し、「空言」の繁茂していた俳諧という表現形式を再生させた。その足跡が物語るように、「感受力の深みから開拓する言葉」は言葉自身のなかからは出てこない、言葉は言葉以外の物との関係において初めて物事の多様性、複雑さを象徴する力をもつ（二七四頁）。かくして、人と物との相互交渉としての経験を通じて「表現」が可能となるのであり、経験の喪失は「表現」の喪失でもあることが浮き彫りにされる。

タテカンという表現形式の消滅

藤田省三『精神史的考察』は、どこかに忘れてきた「とんでもない落とし物」の所在を感知させてくれる。ふだん漠然と感じながらもしかと見定めることはできない、現代社会における危機の核心に目を向けさせてくれるといってもよい。「危機」という言葉は、思考停止を迫る「空言」として増殖しがちなので、その使い方には慎重でなくてはならない。それでも、やはり危機の多義的な正体を見極めようとすることは必要である。しばし書物を閉じて、藤田の目を通じて、自らの経験を省みることにしたい。

たとえば、タテカンは、戦後日本の学生運動が創り出した、独自の表現形式といえる。それは、あつらえの「製品」ではない。一つひとつがユニークである。たいていは大学の自治寮の裏手などに投げ捨てられているものを補修し、再生させる。ベニヤと角材から枠を製作する場合、釘を打ち損なって痛い思いをすることもあるし、微妙に平行四辺形になってしまうこともある。製作も、運搬も、一人では難しい。集団作業が基本である。設置場所には一定の慣行があるものの、どこにタテカンを立てるかは、大学界隈で横議・横行する者たちの自由に委ねられる。その前をただ通り過ぎることも、思わず立ち止まって大学執行部や警察への風刺に目をとめることも、サークルへの勧誘に巧みなデザインや奇抜なアイディアを見出すことも、歩行者の自由である。タテカンは臨時的であり、一回的である。半ば永続的に同じ場所を占有しつづけるものは、タテカンらしくない。

学生運動が下火になるのにともなってタテカン文化も衰退してきたが、絶滅したわけではなかった。とりわけ筆者の勤務する京都大学界隈では、この絶滅危惧種が生息してきた。二〇一七年から一八年にかけて、京都市と京都大学は手を携えて、その管理統制に乗り出した。「歴史都市・京都の良好な景観」の整備を掲げる京都市は、景観にかかわる条例を盾としてタテカン撤去を京都大学に求めた。京都大学は学生管理強化のためにトップダウン方式で「京都大学立看板規程」を制定、沿道からは見えない構内の特定のスペースに、公認サークルに限って設置することを認め、それ以外は強制的に撤去すると宣言した。横議・横行を本質的な属性とするメディアを標本化する試みともいえる。沿道に立ちつづけたタテカンはある朝早く一斉撤去されて、京大当局が厳重に保管するスペースに移送された。そこにすっかり変わってしまった風景が現出することになった。

「京都大学立看板規程」の施行を目前にした段階で開催された集会「表現者と語り合う立て看板」（二〇一八年四月三〇日）では、タテカンの重要性が「表現」という観点から話し合われた。映画監督の瀬々敬久氏は、「かつては、人と人とがダイレクトにつながり合う身体的動きのなかで、街と一体化したタテカンと出くわすことがあった。タテカンがなくなれば、いま日本の地方がそうなっているように、風景が均質化していく、そんな街にはドラマは生まれなは、美術家の伊藤存氏は「ただの物である。しかし、猥雑なパワーをもった場所こそが文化を生み出すのだ」と語った。美術家の伊藤存氏は「一つの技術が根絶やしにされることは、重大である。タテカンは物質であり、物である。ペンキを使ったり、ロープでつないで固定したりするのに苦労したりする。そこが大切。代わりにSNSがあるからいいとはいえない」と訴えた。二人の表現者の提示した論点は期せずして藤田省三の論と響き合い、タテカン規制が大学の精神的自由と文化創造のエネルギーを自ら投げ捨てる象徴的行為であることを浮き彫りにしている。

伊藤氏の論は、京大当局がタテカンの代わりにネットでの発信を工夫せよという趣旨の見解を示したことに向けられている。それが「時代」の大勢であることは、否定できない。ネットの威力は絶大である。手のひらサイズにその威光を凝縮したスマートフォンは、携帯電話であるばかりでなく、小型PCであり、カメラであり、音楽プレイヤーであり、手帳であり、お財布であり、百科事典ですらある。自動車の代役こそできないものの、持ち運び可能な物については、ほとんどありとあらゆる製品への欲望を吸収してしまう、「究極兵器」ならぬ「究極製品」といえる。電車のなかでは誰もが脇目もふらずにスマホに見入り、街角からは本屋が消え、言葉は記号(「いいね!」)に近づき、記号を交換する反射神経ばかりが研ぎ澄まされる……。スマホの液晶を媒介とした経験では、物理的な「痛み」を感じさせられる恐れはまずないから、安心して他者を嘲笑することさえできる……。

ネットを通じて、大手メディアに乗りにくいニュースなどを瞬時に知ることのできる利便性は手放せない。だが、ネットを利用し、スマホを使いながらでも、これと対照的なタテカンのような表現形式に開かれた感受性を保つことは、不可能ではないはずだ。そのように考えるからこそ、「タテカンではなくネットによる発信を」という発想に強い違和感を覚えざるをえない。藤田の著書は、スマホ文化の席巻が長期にわたる社会の崩壊過程の末に起こるべくして起こった出来事であることを冷徹な認識として提示すると同時に、その崩壊過程で破壊され、失われゆくものに注意を振り向けることの大切さを語りかける。「表面的外見の底深くに隠された精神的本質に到達するには、共感と義侠心を含めた在りったけの注目と眼光をその物の中に注ぎ込まなければならない」（二三五頁）。

今や、そのありったけの注目と眼光はタテカンに対してばかりではなく、大学そのものに対しても向けられねばならない。

あとがき

ちょうど本書をまとめているさなか、アメリカのコロンビア大学などで学生たちがパレスチナ人への連帯を表明する反戦キャンプを始めた。コロンビア大の学長が警察を導入して二〇〇人近くの学生を逮捕させ、卒業式を中止した後、学生たちはキャンパス近くの聖ヨハネ大聖堂で自主的な卒業式を開催した。この卒業式の動画を見ながら、思わず「これこそが大学だ」とつぶやいた。政府はもとより、大学執行部もイスラエル関連企業やイスラエルを支持する大口寄付者のことを慮って、学生たちを取り締まろうとしたのだろう。学生たちの抗議活動は、こうした経済的利害による不正の容認から自由になるためにこそ、「学問の自由」「大学の自治」が求められることを雄弁に物語っていた。

学生たちの動きは、学問を、そして大学を積極的に「平和の道具」にしていこうとするものと思えた。「平和の道具」とは、アッシジの聖フランチェスコの「平和の祈り」の冒頭、「神よ、わたしをあなたの平和の道具にしてください」として出てくる言葉である。学生たちがそうした祈りを意識していたのかはわからないが、学問のための学問、大学のための大学を乗り越えていこうとする姿勢が垣間見られた。

本書は現在の大学政策への批判に重点を置いているが、国立大学法人化以前の、教授会自治を中核とした体制に戻せばよいと考えているわけではない。「大学の社会貢献」についていえば、一部の大企業だけの利益になるような「社会貢献」ではなく、大学を世界全体のための「平和の道具」とするような「社会貢献」をめざすべきだと考えている。「世界」とか「人類」とか高度に抽象的な概念を、言語や歴史の多様性に即してリアルなものとして提示することも大学の重要な役割であろう。

一九七〇年に東京大学を拠点に自主講座「公害原論」を主催した宇井純さんは、「国家有用の人材」をつくるための特権的な学びの場としての大学を批判しながら、大学の人員や施設を利用して市民に対して開かれた学びの場を構築しようとした。筆者も、宇井さんの試みに示唆を受けながら、二〇二三年に自主講座「認識台湾 RenshiTaiwan」というささやかな試みを始めた。「台湾有事」の危険性が語られながらも台湾の歴史や社会にかかわる知識が共有されていない状況に鑑みて、市民に開かれた学びの場を必要と考えたためである。大学を一部の人間・企業に私物化させる「上からの大学解体」に抵抗しながら、同時に、「平和の道具」への組み替えの可能性を探し求めつづけたい。

大学史の専門家でもなければ、高等教育の専門家でもない筆者が本書をまとめるにあたっては多くの方のお世話になった。

筆者の学生時代の指導教官は、大学史研究の第一人者たる寺﨑昌男さん（あえて「先生」ではなく「さん」と呼ばせていただく）である。本書執筆の過程で学生時代には「つまらなそう」と敬遠していた寺﨑さんの研究から、実に多くのことを学ばせていただいた。本書に収録した初出原稿は、四〇年越しでようやく提出したレポートのようなところがある。寺﨑さんは、九〇歳を超える高齢にもかかわらず、そのほとんどに丁寧に目を通し、かつてと同様に鋭くも的確なコメントを寄せてくださった。おかげでようやく拙論を世に問う勇気を与えられた。この場を借りて心からの感謝を捧げたい。

自由と平和のための京大有志の会、そして大学横断ネット（「稼げる大学」法の廃止を求める大学横断ネットワーク）の面々にも心から感謝したい。今日の大学にかかわる問題意識を共有できる、よき友人たちに恵まれなければ、惨憺たる現実を見つめつづけることすら困難だったと感じる。資料として収めたさまざまな声明はもちろん、本書に記した知見の多くが仲間たちとの共同作業のなかで形づくられたものであること、そしてその共同作業は有益であるばかりではなく楽しいものであったことをここに記して謝意を表したい。

初出一覧

第Ⅰ部

第1章　駒込武「思想が処罰されるとき――歴史的に見た日本学術会議問題」『人権と部落問題』二〇二一年五月号。

第2章　駒込武「はじめに」駒込武編『「私物化」される国公立大学』二〇二一年九月、岩波ブックレット。

第3章　駒込武「大学の解体、民主主義の解体――『稼げる大学』法案を貫く統治理性」『世界』二〇二二年八月号。

第4章　駒込武「産学官連携の同時代史――国際卓越研究大学問題の深層」『部落問題研究』第二四三号、二〇二二年一一月。

第5章　ブログ「国立大学法人法『改正』案の問題点①：隠蔽された立法事実」「国立大学法人法『改正』案の問題点②：『規制緩和』という誘惑」「国立大学法人法『改正』案の問題点③：衆議院での質疑をふまえて再考する」「国立大学法人法『改正』案の問題点④：『責任のなすりつけ合い』の招来」 https://transuniversitynetwork.blogspot.com/

第II部

第1章　駒込武（京都大学）×藤原辰史（京都大学）「京都大学でいま、何が起こっているのか——生きる場所と考える自由を求めて」『世界』二〇一九年一〇月号。

第2章　ブログ「吉田寮問題にかかわる教員有志緊急アピール」（二〇一九年三月六日）。https://yoshidaryo.hatenablog.com/

第3章　駒込武「労働現場としての京都大学——職員組合の活動から考える」『アジェンダ　未来への課題』第六六号、二〇一九年九月。

第4章　駒込武「京都大学の植民地主義を問う」松島泰勝・山内小夜子編著『琉球人遺骨は訴える　京大よ、還せ』耕文社、二〇二〇年。

第5章　駒込武「自由の風が止むとき——京都大学」駒込武編『「私物化」される国公立大学』二〇二一年九月、岩波ブックレット。

第6章　駒込武「大学ファンドの代償——わたしたちは何を犠牲にしようとしているのか?」『現代思想』二〇二二年一〇月号。

補　遺

駒込武「前頭葉の時代を生きること——藤田省三『精神史的考察』（一九九七年、みすず書房）を読む」藤原辰史編『歴史書の愉悦』ナカニシヤ出版、二〇一九年六月。

駒込 武（こまごめ・たけし）
1964年、東京生まれ。京都大学大学院教育学研究科教授。専門は、教育史、台湾近現代史。単著に『植民地帝国日本の文化統合』（岩波書店、1996年）、『世界史のなかの台湾植民地支配』（岩波書店、2015年）、編著に『生活綴方で編む「戦後史」』（岩波書店、2020年）、『「私物化」される国公立大学』（岩波書店、2021年）、訳書に『台湾、あるいは孤立無援の島の思想』（呉叡人著、みすず書房、2021年）など。

統治される大学……知の囲い込みと民主主義の解体

2024年10月2日──初版第1刷発行

著者……駒込（こまごめ） 武（たけし）

発行者……熊谷伸一郎

発行所……地平社
〒101−0051
東京都千代田区神田神保町1丁目32番 白石ビル2階
電話：03−6260−5480（代）
FAX：03−6260−5482
www.chiheisha.co.jp

デザイン……赤崎正一

印刷製本……モリモト印刷

ISBN978-4-911256-12-1

地平社